신경증의 치료와
기독교 신앙

알프레드 레슐러 지음
김성민 옮김

한국심리치료연구소

국립중앙도서관 출판시도서목록(CIP)

신경증의 치료와 기독교 신앙/ 알프레드 레슐러 지음:김성민 옮김. - 서울: 한국심리치료연구소, 2004
  p. ; cm

원서명: Les Maladies nerveuses et leur Guérison: Point de vue d'un Medecin chrétien sur les Névroses
Libéré de I'angoisse
Confié a dieu vos nerfs fatigués
원저자명: A. Lechler

ISBN 89-87279-39-1 93230 : ₩10000

513.852-KDC4
616.852-DDC21   CIP2004002010

신경증의 치료와 기독교 신앙
Les Maladies nerveuses et leur Guérison:
Point de vue d'un Médecin chrétien sur les Névroses
Libéré de l'angoisse
Confié à dieu vos nerfs fatigués

A. Lechier

역자 서문

　인간의 삶에 고통이 없었던 적은 한번도 없을 것이다. 에덴동산에서부터 사람들은 유혹에 시달려야 했고, 곧 이어 범죄가 생겨났기 때문이다. 오죽했으면 고다마 싣다르타는 인생을 고해라고 생각했고, 사람들이 낳고, 늙고, 병들고, 죽는 것 자체가 모두 고통이라고 했을까? 하지만 사람들이 일상적으로 하는 걱정, 근심도 고통스럽지만 그것이 좀더 심해져서 불안이나 공포에 이르고, 걷잡을 수 없는 것으로 변해, 우리의 자아-의식으로 통제되지 않는 것으로 되면 문제는 심각해진다. "내가 원하는 선을 행하지 않고 내가 원하지 않는 악을 행하는 나는 얼마나 비참한 사람인가?"라고 사도 바울이 탄식했듯이 내 안에 나 아닌 또 다른 내가 있다고 느껴질 때, 우리 삶의 고통은 극치에 이르는 것이다.
　신경증은 이러한 자기-소외가 최고도에 이른 상태이다. 프랑스의 정신분석가 자끄 라깡은 그런 상태를 가리켜서 사람들이 Je est autre(I is another)라고 느끼는 상태라고 하였다. 사람들이 자기 안에 3인칭인 존재가 들어있다고 느낀다는 것이다. 인격의 전일적이고 통합적인 상태가 깨지고 파편화되어 제대로 기능하지 못하게 되는 상태인 것이다. 현대 사회에서 모든 것들이 숨이 가쁘게 격심하게 변화하기 때문인지, 아니면 현대 사회에서 사람들의 정신을 어느 정도 보호해주는 집단적인 삶과 가치가 급속하게 소멸되기 때문인지 신경증의 고통을 호소하는 사람들이 늘어나고 있다. 현대인들은 나날이 새롭게 전개되는 변화에 제대로 적응하지 못해서 삶이 두렵고, 다른 사람들을 만나기가 무서워서 무의식 속으로 도망가려는 것이다. 하지만 신경증 환자들은 자신의 불안이나 공포가 합리적인 것이 아니라는 사실을 잘 알고 있으며, 그들이 더 고통스러운 것은 그들의 고통의 불합리성 때문이다. 생각만 조금 바꾸면 될 것 같은데 생각을 바꾸기가 태산을 옮기는 것보다 더 쉽지 않으니 이 얼마나 한심한 노릇인가?

 이 책의 저자 A. 레슐러는 정신과 의사로서 독실한 크리스천이다. 그는 이 책에서 신경증의 여러 가지 증상들과 그 원인을 그의 풍부한 임상경험을 통하여 아주 자세하게 설명하고 있다. 그리고 그는 각종 신경증들이 기독교 신앙인들에게서는 종교적으로 각색되어 어떻게 나타나는지를 덧붙이고 있다. 그가 이 과정에서 강조하는 것은 기독교 신앙이 신경증을 만들어내는 것이 아니라, 신경증이 기독교 신앙 때문에 다른 모습으로 나타날 수도 있다는 점이다. 왜냐하면 신경증 환자들의 경우, 그들의 정신 상태가 먼저 왜곡되어서 그렇게 나타나는 것이지 기독교 신앙이 신경증을 유발한 것은 아니기 때문이다. 이 사실은 대단히 중요하다. 왜냐하면 기독교인이 아닌 정신과 의사들 가운데는 기독교 신앙이 사람들에게 잘못된 망상을 불러일으키고, 정신병을 불러온다고 주장하는 경우도 있기 때문이다. 그러나 사실을 말한다면, 기독교 신앙은 결코 사람들의 정신에 문제를 불러일으키지 않는다. 오히려 정신건강에 도움이 되는 수많은 상징체계를 제공하는 긍정적인 역할을 한다고 스위스의 분석심리학자 C.G.

융은 강조하였다.

  레슐러는 한 걸음 더 나아가서 사람들이 어떻게 하면 신경증을 극복할 수 있을 것인가 하는 것을 살펴보려고 한다. 신경증이란 사람들의 내면에 있는 그리스도와의 관계가 파괴되어서 생긴 것이기 때문에 그리스도와의 관계를 회복함으로써 신경증을 극복할 수 있다고 주장하는 것이다. 레슐러의 이런 주장은 현대 의학에서 새롭게 정신건강과 영성(spirituality)의 관계를 조명하려는 흐름과 무관하지 않다. 정신건강은 본래 사람들이 자기 자신에게만 사로잡혀 있도록 창조되지 않았는데, 자기 자신에게만 관심을 기울이기 때문에 생기는 병이라는 것이다. 사실 사람들은 자기 자신에게만 관심을 기울이도록 창조되지 않았다. 오히려 초월성을 향하고, 가치를 향하도록 창조되었다. 그러나 신경증 환자들은 자기 자신이나 자기의 안전에만 관심을 기울이기 때문에 그것이 위협받는 상황에서 움츠러들고 있다. 현대 의학의 이런 깨달음은 모든 종교들이 일찍부터 주장해왔던 사실이다. 그러나 현대인들은 어리석게도 인간이 자기 삶과 우주의 주인이 되려고 애쓴다. 의학기술을 발달시키면서 죽지 않으려고 하고, 과학기술을 발달시키면서 시간과 공간을 정복하려고 한다. 그러면서 인간이 과거보다 더 행복해졌다면 모르지만, 그러지도 못하면서 공연히 분주하고 바쁘게 만들고 있다.

  진정한 행복과 건강이란 사람들이 할 수 있는 것과 할 수 없는 것을 명확하게 구분하고, 포기해야 할 것을 움켜잡지 않는데서 온다. 자신의 본성 깊은 곳에서 들려오는 소리를 들으며 무리하지 않고 앞만 보고 달리지 않고 적당히 쉬고, 삶을 누리고, 여유 있게 사는 것에서 오는 것이다. 무엇을 해야만 한다고 생각하지 않고, 내가 살아 있음을 느끼고 그것을 감사하며, 이웃과 더불어 진정한 사랑을 나누는 것이 건강한 삶인 것이다. 레슐러가 이 책에서 말하는 것은 그것이며, 그것은 이미 복음서의 산상수훈에서 예수님이 선포한 것이다. "그러므로 내일 일을 위해서 염려하지 말라. 내일 일은 내일 염려할 것이요 한 날의 괴로움은 그 날로 족하니라"(마태 6,34).

2004. 8. 1.

月汀

목 차

역자 서문 ··· 5

제1장 신경증과 그의 치료

신경증이란 무엇인가? ································ 11
불안신경증 ··· 20
신경쇠약 ·· 28
강박신경증 ··· 35
지각장애 ·· 71
건강염려증 ··· 81
히스테리 ·· 91
정신신체장애 ·· 112
기독교 신앙과 신경증 ······························· 121

제2장 불안으로부터의 해방

현대인의 질병인 불안 ······························· 125
죽음에 대한 공포 ····································· 128
죄의식에 대한 불안 ·································· 137
자아의 위협에 대한 공포 ··························· 142
병리적인 불안 ··· 147

제3장 당신의 피곤한 신경을 하나님께 맡기시오

하나님의 걸작인 인간의 신경체계 ··············· 161
신경의 피로 ·· 163
선천적으로 신경이 약한 사람들 ·················· 170
심인성 신경질 ··· 176

제 1 장

신경증과 그의 치료
-크리스천 의사의 입장에서 본 신경증-

신경증이란 무엇인가?

신경증의 본성

신경증, 좀더 정확하게 말해서 정신신경증은 우리가 '세기의 질병'이라고 생각할 수 있으리 만큼 현대 사회에 널리 퍼져 있는 정신의 병이다. 더구나 현대 사회는 우리들 대부분에게 너무 무거운 책임감을 부여하면서 수많은 신경증을 불러일으키고 있다. 신경증이란 그 정의를 들어서 말하자면, 사람들로 하여금 그가 직면해야 하는 상황에 직면하지 못하게 하는 마음의 질병인 것이다. 그래서 건강한 사람들은 어려움에 직면해서도 냉정을 잃지 않고 제대로 대처할 수 있지만, 신경증에 걸린 사람들은 그를 둘러싸고 있는 상황에서 파생되는 공격에 제대로 저항하지 못한다. 신경증 환자들은 그들이 어려움을 극복할 수 없다고 느낄 때마다 격심한 고통을 겪는다. 그들은 불안에 사로잡히거나, 의기소침한 상태에 빠지거나, 강박증이나 공포증 때문에 괴로워하는 것이다. 어떤 사람이 자아-중심적인 사람이라면 그는 건강염려증이나 히스테리에 잘 걸린다. 그런데 신경증의 증상은 매우 다양하게 나타나기 때문에 우리는 신경증을 그 증상에 따라서 여러 가지로 분류해야 한다.

앞에서 말했던 신경증 가운데는 신체적인 고통으로 나타나는 것들도 있다. 정신신체적 질병이 그것이다. 그들은 신경을 조금만 건드리는 일이 생겨도 금방 신체적인 기관에 영향을 받는다. 하지만 신경증이 언제나 외부적인 상황 때문에 생기지는 않는다. 때때로 내면의 상태 때문에 생기기도 한다. 죄의식이나 어떤 양심의 상태들은 신경증을 일으키기도 하는 것이다. 그래서 어떤 사람이 그의 양심과 내면적 성향 사이에서 극심한 긴장을 느끼거나 내면에서 서로 반대되는 감정이 대립되어 긴장을 느낄 때 신경증에 걸리기도 한다. 그렇다고 해서 일부의 사람들이 주장하듯이 모든 신경증이 내면적인 갈등 때문에만 생기는 것은 아니다.

신경증의 원천을 추적해보면, 종종 어린 시절까지 거슬러 올라가는 좋지 않은 경험들이 있기 마련이다. 그 이유는 아이들이 어른보다 훨씬 더 예민하고, 좋지 않은 것들이 그들의 정신에 영향을 훨씬 더 잘 미치기 때문이다. 어린 시절에 받은 여러 가지 잘못된 교육들은 아이들에게 특별히 어떤 분야에 있어서 신경증적인 혼란을 잘 일으키게 한다. 그 교육들 때문에 아이들은 신경증에 잘 걸리는 것이다. 그래서 우리는 앞으로 잘못된 교육이 신경증의 중요한 유발 요인 가운데 하나라는 사실을 고찰하려고 한다.
　그것이 아무리 사람들에게 신경증을 일으킬 수 있을 만한 원인이라고 할지라도 그것이 유년기 초기에 생긴 것이라면 사람들에게 신경증을 일으키지 않고 그냥 지나갈 수 있다. 왜냐하면 사람들은 그들의 갈등이나 잘못이나 충동 또는 욕망이나 정서적 충격들이 그들의 마음을 불편하게 하지 않고, 죄의식을 불러일으키지 않도록 무의식에 억압하는 버릇이 있기 때문이다. 하지만 그런 것들이 그들의 내면에서 동화되거나 극복되지 않은 채 억압되기만 한다면 그것들은 내면에 차곡차곡 쌓이고, 그것을 자극할 수 있는 상황만 갖춰지면 다시 나타나곤 한다. 우리 정신의 균형을 깨뜨리고 좋지 않은 영향을 미치는 것이다. 사람들은 그것을 억압함으로써 잠시 신경증까지 눌러서 나오지 못하게 할 수도 있을 것이다. 그러나 이런 저런 이유 때문에 내면적인 저항이 약화되면 병은 머리를 들고 나오고야 마는 것이다. 다른 한편으로 신경증을 유발시키는 요인들 가운데는 유기체적인 요인들도 있을 수 있다. 예를 들어서 말하자면, 과로를 했다든지 탈진했다든지 무기력 상태에 빠졌다든지 폭음이나 폭식을 했다든지, 아니면 임신이나 출산 또는 여성의 생리 등도 때때로 신경증의 원인이 될 수 있는 것이다.
　또한 신경증을 일으키게 하는 결정적인 요인으로 우리는 좋지 않은 경험이나 잘못된 교육 내용을 들 수도 있다. 그것들이 사람들에게 신경증을 일으키게 하는 바탕을 마련해 주기 때문이다. 그때 문제가 되는 것은 그의 정신 상태가 비정상적으로 너무 예민해져 있다는 점이다. 그런 사람들은 어떤 일 때문에 자극을 받으면, 상상력이 갑자기 증진되어 최초의 자극보다 상당히 강한 정도로 깊이 느끼게 된다. 우리는 그러한 예를 건강한 정신을 가진 사람에게는 아무 해도 끼치지 않을 일들이 예민한 사람들에게 정신적 외상을 불러일으키고, 결국 신경증을 야기하는 경우를 생각해 볼 수 있다. 극도의 민감성은 사람들에게 정신적인 저항을 약화시키고 불쾌한 일이나 내면적인 갈등이 아무 해도 끼치지 않고 지나가지 못하게 하는 것이다. 그 사람에게 그런 유해한 성향이 없었더라면, 그는 아무리 외부적인 충격이 심하더라도 신경증에 걸리지 않을 수 있었을 것이다. 사람들에게 정신체계가 건강하다면, 그들은 외부적인 충격에 충분히 저항하면서 버틸 수 있는 것이다. 그는 그것을 잠시 지나가는 가벼운 정신적 동요로 생각하면서 이겨낼 수 있는 것이다.

  신경증의 원인을 생각하면서, 마지막으로 우리는 사람들이 자신이 경험한 것들에 대해서 내면적으로 어떤 태도를 가지고 있는가 하는 점을 반드시 생각해보아야 한다. 어떤 사람이 자기 자신이나 이 세상이나 창조주 하나님에 대해서 못마땅하게 생각하고 있다면, 또한 그가 지금 정신적으로 추구하는 것들이 채워지지 않고 있다면, 그리고 그가 관심을 기울이고 있는 것이 그 자신 하나밖에 없고 그가 자기 자신에 대해서 너무 과대평가하고 있거나 감수성이 너무 예민하다면, 다시 말해서 그가 자아-중심성의 노예가 되어 있다면 그런 사람들은 이 세상을 살면서 하게 되는 불쾌한 체험들이 언제나 좋지 않은 영향을 끼치게 되고 반드시 신경증에 걸리고 만다. 그것은 그 사람이 그 일들에 대해서 좀더 거리를 두고 바라볼 때와 비교할 때 더욱 그렇게 될 것이다.

  아주 저명한 신경증학자 가운데 한 사람은 신경증이란 아직 삶의 의미를 찾지 못한 영혼의 고통이라고 정의를 내린 적이 있다. 그것은 어떤 사람이 이 세상을 왜 사는지 알지 못하거나, 종교적 또는 도덕적 규범이 없을 경우 정신적인 압력이 격심한 일에 봉착했을 경우 내적인 균형이 쉽게 파손될 수밖에 없다는 점에서 그럴 듯한 말이다. 그러므로 신경증에 쉽게 걸리거나 신경증적인 위협 앞에서 버틸 수 있는 능력은 결국 삶에 대한 그 사람의 내적인 태도에 달려 있는 것이다. 사람들이 아주 강한 정신 체계 위에 서있지 않을 경우, 삶에서 생기는 어려움들을 여간해서는 극복할 수 없는 것이다.

신경증의 치료

신경증의 치료에는 일반적으로 다음과 같은 세 가지 절차가 필요하다. 제일 처음에 환자들은 자신의 고통이 어디에서 비롯되었는지에 관해서 알아야 한다. 병을 정복하기 위해서는 병의 원인이 밝혀져야 하는 것이다. 그러므로 무의식에 억압되어 있으면서 신경증을 불러일으킨 사건들을 발견하고, 환자가 그것들에 대해서 깨달아야 하는 일이 무엇보다도 중요한 일이다. 환자들이 자신의 삶의 태도 일반에 관해서 명확하게 알 수 있다면 그는 그의 내면적인 행위가 왜 그렇게 될 수밖에 없었는지에 관해서도 알 수 있을 테고 필요한 경우 그의 자아-중심성 역시 극복할 수 있을 것이다.

여러 가지 다른 정신치료법을 통해서 이런 것들이 밝혀지면 많은 경우에 있어서 신경증은 거의 다 나을 수도 있을 것이다. 왜냐하면 환자들이 그의 신경증이 왜 생겼는지에 관해서 알게 되면, 신경증은 그 전까지 지니고 있던 신비한 측면을 벗어버리게 되고 그것을 다른 사람에게 말할 수 있게 되면서 그 매운 맛을 잃게 되기 때문이다. 그에 따라서 그의 정신에서는 놀라우리만큼 긴장이 풀리게 된다. 신경증 환자들은 그들의 과거가 이제 막 밝혀지면서 모든 것이 말끔하게 정리될 수 있기 때문에 그들이 당하는 내적인 혼란이 이제 더 이상 존재이유를 가질 수 없다는 사실을 깨닫곤 한다. 그들은 이제 과거에 그들을 사로잡고 있던 정동적인 상태로부터 풀려나는 것이다. 그러나 또 다른 많은 경우에 있어서 환자들은 그들이 아무리 과거에 대해서 무엇인가 알아냈다고 할지라도 결정적인 것은 아무 것도 찾아내지 못하는 수도 있다. 왜냐하면 과거에 있었던 어떤 사건들은 여전히 그들을 뒤흔들어 놓기 때문이다. 어린 시절에 있었던 어떤 중요한 사건들은 그들의 삶에 너무 깊은 흔적을 남겨놓아서 지워지지 않는 경우도 많다. 그런 경우 의사들은 환자들의 내면에 응축되어 있던 정동들이 조금씩 조금씩 사라지는 과정에 주의를 기울이고, 환자들의 과거가 그들을 괴롭힐 때마다 그들을 도와서 과거로부터 벗어날 수 있도록 해주어야 한다.

대부분의 경우에 있어서 신경증의 원천에 있는 사건들을 규명하고 그것을 극복하는 것만을 통해서는 신경증을 모두 치유시킬 수 없다. 환자의 내면에 새로운 정신체계가 재건되어야 하는 것이다. 환자들이 그 전까지 가지고 있던 잘못된 생각들을 버릴 줄 알고, 그들에게 주어진 고통스러운 상황들에 용감하게 맞설 줄 알며, 그들의 욕망을 버릴 줄 알고, 미래에 대해서 올바른 태도를 취할 줄 알며, 그들의 삶을 주어진 그대로 받아들일 줄 알게 될 때 비로소 그들은 신경증에서 자유로워질 수 있게 된다. 그들이 문제가 되는 과거의 경험들을 이겨내고 동화시켜서 억압하지 않게 될 때에야 비로소 내면에 있는 상처들은 입을 다물고 그들을 괴롭히지 않게 되는 것이다. 말하자면 그들이 그들의 과거에 대해서 더 이상 열세에 놓여있지 않고 과거를 딛고 올라설 때, 그들은 신경증에서 결정적으로 풀려나게 된다.

이러한 특성을 가진 정신치료는 환자가 솔직한 태도를 취하고 의사에게 완전한 신뢰를 보내지 않는 한 성공할 수 없다. 환자가 어떤 중요한 사건들에 관해서 말을 하지 않으면, 의사는 그를 도와줄 수 없는 것이다. 그래서 의사의 노력들은 환자들이 개방적인 태도를 취하지 않거나 치료에 성실하게 임하지 않기 때문에 실패로 끝나는 경우가 많다. 왜냐하면 신경증의 원천이 밝혀지지 않는 한 치유는 불가능하기 때문이다. 환자가 자신의 내적인 삶에 관해서 말을 하려고 하지 않는다면, 글을 써서라도 드러내게 해야 한다. 치료 과정에서 의사들은 때때로 환자의 입장에 서보아야 한다. 그를 누그러뜨리고, 위로해 주어야 하며, 용기를 북돋 워주고, 그가 자기 의지대로 무엇인가를 하도록 함으로써 내면적인 저항을 중화시키고 내적인 긴장을 완화시켜주어야 할 필요가 있는 것이다.

그러나 여태까지 말한 것들만 가지고 정신치료가 충분하지 않은 경우도 많다. 우리는 현대 정신치료 기법들이 목적으로 하는 바에 도달하지 못하는 것을 종종 발견하고, 신경증 환자들이 그들의 능력만으로 내적인 균형을 거의 이루지 못하는 것을 너무 많이 보고 있는 것이다. 사실 수많은 신경증 환자들은 다른 어느 것도 아니라 기독교 신앙에서 나오는 힘 때문에 심리적인 혼란으로부터 풀려나는 경우가 많은 것이다. 그렇기 때문에 우리 의사들에게 있어서 가장 기본적인 물음은 환자들에게 건강을 회복시켜주어야 하는 것이 아니라, 살아 계신 하나님을 되찾게 해주어야 할 때가 많다. 그런데 신앙을 상실하여 하나님으로부터 떠나갔기 때문에 신경증에 걸렸던 환자들이 하나님과 살아있는 관계를 회복한 다음에 치유된 것을 볼 수 있었던 많은 사람들은 기독교 신앙이 정신적인 혼란을 치유시키는데 매우 효과적인 수단이 된다는 사실을 어렵지 않게 받아들일 수 있었다. 왜냐하면 기독교 신앙만이 사람들의 내면에 충분히 강한 저항력을 심어주어 그들에게 다가오는 삶의 어려움에 직면할 수 있게 해주기 때문이다. 기독교 신앙은 그들이 자신의 자아로부터 해방되고, 죄의식에서 벗어나게 하며, 삶에 맞설 수 있는 새로운 용기를 불어넣어 주는 것이다. 그러나 살아 계신 하나님을 진정한 실재로 믿지 못하고, 진정한 삶의 인도자로 생각하지 못하는 사람들은 인간 실존의 변화무쌍한 변천 속에서 이리 저리 흔들릴 수밖에 없으며, 내면적인 혼란이 찾아올 때마다 거기서 벗어나기 위하여 자기 안에서 흔들리지 않는 의지처를 찾으려고 하지만 쓸데없는 노릇이다.

기독교인으로서 신경증에 걸린 사람들에게는 그들에게 생긴 모든 어려운 일들이 우연히 생긴 것이 아니라 훌륭한 교육자이신 절대자 하나님이 그들을 도와주고 하나님께 인도하려는 현명하고 선한 의도 때문에 생긴 일이라는 사실을 깨닫게 할 때, 비로소 실질적인 도움을 줄 수 있게 된다. 그가 이렇게 그의 삶에 깃들어 있는 의미를 발견할 때, 그는 그에게 주어진 운명에 반발하거나, 절망의 나락에 떨어지지 않고 그에게 다가온 신경증이 하나님으로부터 온 것이라는 사실을 받아들이게 된다. 또한 그가 곤경에 빠져 있을 때, 예수 그리스도를 부를 줄 알게 되고, 그 자신을 예수 그리스도의 인도에 완전히 맡기게 될 때, 그는 그에게 일어난 모든 고통스러운 경험들을 점점 더 무의식에 억압하지 않게 된다. 그는 이제 그의 미래와 화해하고, 그의 잘못을 인정하게 되는 것이다. 그는 하나님의 용서의 은혜를 헤아려 알게 되고, 그를 하나님께 맡기게 되는 것이다. 그렇게 되면 하나님은 이제 그가 자아-중심성에 벗어날 수 있는 힘을 주시고, 자신의 과거를 딛고 올라서게 하시며, 신경증으로부터 벗어나게 해주신다.

영적 상담자에게는 환자들에게 복음요법(la therapeutique de l'evangile)을 시행해야 하는 무겁지만 아름다운 책무가 부과되어 있다. 그래서 치료자들은 환자들이 신경증의 지배로부터 벗어나는 방법을 알지 못한다고 비난해서는 안 된다. 오히려 그는 그에게 형제처럼 다가가서 그에게 이해심을 보이고 공감을 표시하며 그와 함께 고통을 나누고 의지처가 되어야 한다. 한편으로 상담자는 그를 끈질기게 사로잡고 있을 수 있는 병적인 죄의식으로부터 벗어나게 해주어야 하고, 다른 한편으로 그에게 잘못이 있을 경우 그를 이끌어 하나님의 용서를 받을 수 있는 전략을 세워야 한다. 또한 상담자는 그에게 맡겨진 책무를 사려 깊게 수행하면서, 언제나 그의 사랑을 투명하게 비쳐주어야 한다. 상담자가 조금만치라도 재판을 하려고 한다면, 환자는 그에 대한 신뢰를 곧 거두어버린다. 그 반면에 환자들이 그들의 상담자가 이해심이 매우 많은 사람이라는 사실을 알게 되면, 그들은 상담자가 하는 말이 아무리 감당하기 어려운 것이라고 할지라도 상담자가 그들에게 진실을 이야기한다고 생각할 것이다. 그런데 의사가 환자에게 의사이면서 동시에 영적인 상담자가 될 경우, 그는 환자가 꼭 필요로 하는 도움을 제공할 수 있을 것이다.

신경증 환자에 대한 치료에는 두 가지 사실이 핵심이다. 하나는 그들을 사랑하는 것이고, 다른 하나는 그들의 용기를 북돋워 주는 것이다. 의사나 영적인 상담자가 위와 같은 정신 자세를 가지고 치료에 임한다면, 거기에는 진정한 축복이 임하게 될 것이다. 어떤 환자가 정신적인 문제들 때문에 무너져 내렸다가 그런 치유를 받은 다음, 다시 일어서서 하나님 안에서 기뻐하며 새로운 용기를 되찾아 자기 삶에 당당하게 맞서게 될 때, 의사나 영적인 상담자는 진정한 보람을 맛볼 수 있을 것이다. 그러나 치료자들이 아무리 치료에 성공했을지라도 언제나 자신감을 가질 수 있는 것은 아니다. 왜냐하면 그들이 아무리 많이 치료했을지라도 치료자들이 각각의 케이스로부터 무엇인가를 배웠다고 생각하지 못하기 때문이다. 신경증의 치료는 그 어느 케이스도 똑같은 것은 있을 수 없다. 각각의 신경증은 모두 그 문제들이 다르고 어려운 점이 다른 것이다. 그 앞에서 치료자들은 무력감을 느낄 수밖에 없다. 그러므로 치료자들은 매일 매일 하나님을 의지해야 하고, 하나님을 의지하지 않는 한 그는 아무 것도 할 수 없다.

불안신경증

　우리는 불안신경증으로부터 시작하려고 한다. 불안신경증이 제일 흔한 병이기 때문이다. 불안신경증의 중요한 임상적 양상은 그 이름에서 읽을 수 있듯이 불안 때문에 사람들이 위기적인 상황에 빠지게 되는 질병이다. 그런데 불안의 원천에는 우선 걱정이나 근심에 잘 빠지는 성향이 자리 잡고 있다. 건강한 사람도 그가 감당할 수 없는 사건이 일어나면 두려움에 사로잡히곤 한다. 그렇지만 그는 곧 불안을 이겨낼 수 있다. 하지만 걱정과 근심이 많은 사람들은 아무리 작은 충격을 받을지라도 신경증에 걸리게 된다. 어떤 사람에게 병적인 근심이 두드러지게 나타날 때, 그는 그에게 일어나는 모든 일들에서 두려움을 느끼고, 그 결과 그의 삶 전체는 악몽처럼 진행된다.
　때때로 잘못된 교육은 사람들에게 불안을 야기하는 온상의 역할을 하기도 한다. 아이들이 매우 겁이 많은 사람에 의해서 양육되어, 그 사람이 그 아이에게 자기 두려움들을 불어넣었다면, 그렇지 않으면 우리가 너무 엄격하게 아이들을 교육을 시키고 정당한 이유 없이 아이들을 때리면서 교육시켰다면, 아이들은 어렸을 때부터 불안에 시달리고 삶에서 오는 여러 가지 공격들 앞에서 제대로 저항하지 못하게 된다.

그러나 불안신경증이란 이런 것들보다 더 깊은 원천을 가지고 있는 것으로서 많은 경우에 있어서 어린 시절까지 거슬러 올라가는 불안한 상황과 직접적으로 연관되어 있다. 그러므로 사람들이 아이들에게 마술사나 도깨비나 강도들이 나오는 무시무시한 이야기들을 자주 하거나, 마귀나 지옥에 관한 이야기를 하면서 겁에 질리게 하거나, 어두컴컴한 골방 같은데 가두어 위협을 하고 공포에 사로잡히게 한다면, 그 아이들이 나중에 이런 것들이나 이와 비슷한 인물들에 대해서 격심한 두려움을 가지는 것은 당연한 일이다. 사실 어린아이들의 영혼은 어른들보다 훨씬 더 예민하기 때문에 혼란에 빠지기 쉽다. 그래서 어린 시절에 있었던 무시무시했던 일들은 그가 죽을 때까지 잊혀지지 않는 경우도 많다. 게다가 겁이 많은 사람들은 어른이 된 다음에 무서운 일을 겪었을지라도 그 때문에 불안을 느끼고 오랫동안 고통을 겪기도 한다. 그가 그 사건 때문에 아주 심한 공포를 느꼈다면 더욱더 그럴 것이다. 불안은 어떤 사고가 난 다음에 나타날 수도 있다. 예를 들어서 말하자면, 몇 년 전 기차 사고가 났던 것을 목격했던 사람은 기차에 앉자마자 공황(恐慌)에 사로잡힐 수도 있을 것이다. 그렇지 않으면, 어떤 사람은 다른 사람에게 일어났던 자동차 사고에 대한 기억이 갑자기 떠올라서 자기에게도 똑같은 사고가 일어나지 않을까 하는 두려움 때문에 자동차를 타지 않으려고 할 수도 있을 것이다. 다음의 예들은 나에게 찾아왔던 환자들의 이야기이다.

어떤 사람은 어느 날 계단의 높은 곳에서 아래로 떨어졌다. 그 이래로, 그는 계단을 올라가거나 내려와야 할 때 두려워하게 되었다. 그래서 그는 계단에서 내려올 때면 뒷걸음질치면서 내려와야만 하게 되었다. 그것이 그에게 안도

감을 주었기 때문이다.

어떤 사람은 생선을 먹지 못하는 사람이 있었다. 왜냐하면 어떤 아이가 생선을 먹다가 뼈를 삼키는 바람에 죽게 되었다는 이야기를 들었기 때문이다.

불안은 어떤 사람이나 동물과 관련되어 나타날 수도 있다.

어떤 아이는 그 전에 어떤 사람이 굴뚝 청소부를 가리켜서 마귀라고 한 이래 굴뚝 청소부만 보면 두려움에 사로잡히곤 하였다.

어떤 아이는 콧수염과 턱수염을 기른 사람을 볼 때마다 심하게 두려워하였는데, 그것은 그 아이의 아버지가 산타클로스로 변장하고 나타났던 날 아주 두려워했기 때문이다.

어떤 사람은 쥐나 생쥐를 무서워했는데, 그것은 그의 어머니가 그 내용은 생각나지 않는 아주 무서운 이야기를 해 준 다음부터이다.

어떤 소녀는 목사님들을 보기만 하면 두려워했는데, 그 이유는 어떤 날 어떤 목사님이 그녀를 개종시키려고 했기 때문이다.

어떤 사무원은 주인을 아주 두려워했는데, 그 사람이 매우 엄격했던 그녀의 아버지를 연상시켰기 때문이다.

병에 걸리거나 독(毒)을 마실까봐 두려워하는 것도 널리 퍼져 있다.

어떤 소녀는 전염병에 걸릴까봐 아주 두려워하고 있었는데, 그 이유는 그녀의 친구들 가운데 하나가 폐결핵에 걸렸었기 때문이다.

또 다른 소녀 하나는 자기가 정신을 잃을까봐 아주 두려워했는데, 어느 날 그녀가 정신병에 걸린 사람을 알게 되었기 때문이다.

두려움은 어떤 특정한 시간이나 장소와 연관되어 있을 수도 있다.

어떤 여자는 굴을 지나갈 때마다 격심한 불안을 느꼈는데, 그 이유는 그녀가 어느 날 어둠 속에서 아주 고통스러운 경험을 했기 때문이다. 그녀는 또 버찌를 딸 무렵만 되면 마음이 몹시 불안했는데, 그것은 그녀가 어느 해 버찌를 따다가 나무에서 떨어졌던 경험이 있었기 때문이다.

어느 소녀는 거리에 나가기만 하면 두려움에 사로잡혔는데, 그녀가 어느 날 거기에서 어떤 아이가 간질 발작을 일으킨 것을 보았기 때문이다.

환자는 때때로 그에게 불안을 야기하는 것이 무엇인지 안다. 그를 깜짝 놀라게 하는 위험한 일은 과거에 그가 경험했던 불안한 사건을 그에게 상기시키는 것이다. 그러나 많은 경우에 있어서 환자들은 그의 불안의 원인을 알지 못하는 경우도 많다. 그렇다면 왜 그렇게 중요한 것 같지도 않은 특정한 일들이 마른 하늘에 벼락치듯이 그에게 심한 불안을 불러일으키는가? 그것은 아마 그에게 본래 두려움을 불러일으켰던 불안한 경험이 무의식에 억압되어 완전히 망각되었기 때문일 것이다.

어떤 여자 환자가 있었는데, 그녀는 어두운 곳에 있으면 언제나 누군가가 뒤쫓아 오지나 않나 하는 두려움을 가지고 있었다. 나와 그녀가 오랫동안 대화를 한 다음, 그녀는 몇 년 전에 있었던 한 사건을 떠올릴 수 있었다. 어느 날 저녁 그녀가 혼자 산책을 하고 있는데, 어떤 남자가 그녀를 뒤쫓아 온 일이 있었다. 그때 이래 그녀는 어두운 곳에 있으면 누가 그녀를 뒤쫓아 오는 듯한 느낌이 들고 두려워지는 것이었다.

또 다른 여자는 다른 사람들이 끊임없이 그녀를 비웃는다는 느낌을 가지고 있었는데, 그녀는 학교 다닐 때 친구들이 종종 그녀를 놀리면서 비웃었다고 고백하였다.

어떤 간호사는 죽은 이들을 보면 왜 그렇게 두려운지 몰랐다. 하지만 나와 그녀가 대화를 한 다음, 그녀는 자신이 돌보던 환자의 죽음의 원인이 되는 실수를 했던 것이 드러났다. 그이래 그녀는 죽는 사람만 보면 그때의 실수가 떠올랐던 것이다.

어떤 소녀는 깡패만 보면 그렇게 무서워할 수가 없었다. 그녀의 오빠와 언니들에게 물어본 결과, 그녀가 어렸을 때 그녀를 돌보아주던 보모가 그녀에게 종종 깡패가 나오는 이야기를 해주었고, 그녀에게 두려움을 불러일으키는 책들을 읽어주었다는 사실이 밝혀졌다.

또 다른 소녀는 자기가 귀신들렸고 구원받지 못하는 사람이라고 그렇게 두려워할 수가 없었다. 그런데 그녀와 오랫동안 대화를 나눈 다음, 그녀는 몇 해 전에 어떤 부흥사가 그녀가 몇 가지 환상을 보았다는 이유로 그녀에게 귀신이 들렸다고 말했다는 사실을 알 수 있었다.

기독교인들에게 불안은 때때로 특별한 형태를 띠고 나타난다. 어떤 사람이 매우 엄격한 아버지 밑에서 자랐을 경우, 그 사람은 하나님을 아주 두려워해야 하는 가혹한 심판관으로 생각하는 경우가 많다. 그리고 어렸을 때, 사람들이 그에게 앞으로 지옥에 갈 것이라고 위협했다면, 그는 종종 심판 받지나 않을까, 지옥에 가지나 않을까 하고 두려워할 수 있다. 심지어 성찬식이나 공중기도나 신앙간증 따위도 어떤 이들에게는 두려움의 대상이 되는데, 그것들은 과거에 그들에게 어떤 상처를 주었던 경험과 결부되어 있을 수 있다.

어떤 소녀는 공중기도 하는 것을 몹시 두려워했는데, 그 이유는 언젠가 그녀가 공중기도 하는 것을 강요당했었기 때문이다. 또한 그 소녀는 어느 날 성찬식을 하는데 어떤 사람이 그녀에게 그녀가 지금 성찬을 받을 만한 상태가 되어있지 않은데 성찬을 받고 있다고 말한 다음부터 성찬 받는 것을 두려워하였다. 그녀는 "회개"라는 단어를 볼 때마다 불안이 엄습해오는 것을 느꼈는데, 그것은 몇 년 전 어떤 설교자가 아주 엄숙한 어조로 회개하지 않으면 멸망할 것이라고 말했기 때문이다.

또 다른 여자는 성 금요일을 두려워했는데, 그 날 교회에 가면 강대상이나 의자에 검은 천이 뒤덮여 있고, 그것은 그녀에게 죽음을 연상시키기 때문이었다.

불안신경증은 매우 고통스러운 병이고, 불안신경증에 걸린 사람들은 순교자와 같은 삶을 산다. 그들에게 엄습해오는 두려움은 신경증 환자들의 행동을 제한하고, 그들이 다른 사람들과 접촉하지도 못하게 한다. 특히 그들이 그런 신경증에 걸렸다는 사실을 다른 사람들이 알면 얼마나 그들을 조롱할 것인가 하는 생각이 들면 더욱더 그러하다. 불안신경증에는 종종 신체적인 증상들이 동반되는데, 심장박동이 아주 빨라진다든지, 안색이 창백해진다든지, 호흡이 가빠진다든지, 말을 더듬는다든지, 땀을 몹시 흘린다든지, 설사가 난다든지, 그밖에 다른 증상들과 같이 나타나는 경우가 많은 것이다. 그 환자가 기독교인일 경우 신경증은 때때로 그에게 영적인 위기를 불러일으킬 수 있는데, 목회자들이 그에게 신경증이 믿음이 없어서 생겼다거나, 양심이 왜곡되어 있기 때문에 생긴 것이라고 할 경우 영적인 위기는 한층 더 깊어진다.

신경증으로부터의 회복은 사람에 따라서 매우 다르게 나타난다. 환자가 과거에 그를 두렵게 했던 경험에 대해서 알게 되면, 그가 얼마나 그것을 극복할 수 있고 거기에 새로운 태도로 임할 수 있느냐 하는 것에 따라서 불안은 조만간 사라질 수 있다. 그러나 그가 불안의 원인에 대해서 알지 못할 경우 사람들은 불안의 힘에 눌려 지낼 수밖에 없다. 그때 그에게는 적절한 치료가 행해져야 한다.

그러므로 의사가 해야 하는 첫 번째 과제는 그에게 불안을 일으키는 원인을 찾게 해주는 일이다. 의사는 환자의 정신체계를 깊이 있게 조사하여 그에게 신경증을 불러일으킨 것들을 밝혀야 할뿐만 아니라, 신경증을 일으키는데 결정적인 역할을 했던 어린 시절의 환경까지 살펴보아야 하는 것이다. 이렇게 해서 환자가 그에게 두려움을 불러일으키는 원천에 있는 것들을 깨닫게 되면, 이제 더 이상 두려움 때문에 파괴되지 않을 것이다. 그것은 그가 그에게 두려움을 불러일으켰던 사건이 처음에는 이유가 있었지만, 이제 더 이상 이유가 타당하지 않다는 것을 알게 되면서, 치유의 첫 걸음을 내딛을 수 있는 것이다.

치유의 첫 단계를 통하여 그의 고통을 상당히 경감시킨 다음, 의사는 그에게 용기를 북돋워주고 그의 의지를 단련시키도록 도와주어야 한다. 그러나 환자들이 그에게 불안을 불러일으킨 원인에 대해서 충분히 알지 못한 상태에서 의지의 힘만으로 두려움을 쫓아내려고 한다면, 그들은 원하는 결과를 얻지 못할 것이다. 그 반대로 그들에게 불안을 불러일으킨 원인을 밝혀냈음에도 불구하고 아직 그 요인으로부터 충분히 떨어지지 못해서 두려움이 여전히 남아있다면, 그에게 끊임없이 용기를 고취시키면서 다른 특별한 방법을 강구하여 불안을 떨쳐버리도록 해주어야 한다. 예를 들어서 말하자면, 어떤 사람에게 기차나 자동차에 대한 두려움이 있다면, 초기 단계에서는 그가 기차나 자동차를 탈 때 다른 사람이 동승해주는 것도 필요할 것이다. 또한 어떤 사람이 집 밖에 나가는 것을 두려워할 경우, 다른 사람이 그에게 용기를 북돋워주면서 그와 함께 팔짱을 끼고 거리에 나가거나 공원을 같이 산책하는 것으로부터 시작하지 않는 한 그는 그 불안에서 헤어날 수 없을 것이다. 다락이나 광이나 컴컴한 방에 가는 것을 두려워하는 아이들은 어머니나 아버지와 함께 그런 곳들에 가서 그들이 가지고 있던 두려움의 기반을 허물어버려야 한다. 그들에게 공포를 불러일으켰던 곳들을 두려워할 이유가 아무 것도 없다는 사실을 입증해줌으로써 그들이 두려움을 이길 수 있도록 도와주어야 하는 것이다.

불안신경증에 종교적인 특성이 있다면, 상담자는 매우 신중한 태도를 취해야 한다. 이때 상담자가 환자에게 자신이 믿고 있는 것들을 주입시키려고 한다면, 그의 상태는 훨씬 더 악화되고 만다. 종교적인 특성을 가진 신경증의 경우에 있어서도 치료의 원칙은 똑같이 적용된다. 환자에게 영적인 접근을 하기 전에 먼저 상담자는 불안의 원천을 밝혀내야 하는 것이다. 그리하여 환자가 그가 느끼는 두려움에 아무런 근거도 없다는 사실을 깨닫는다면, 그의 두려움은 상당히 약화되고 말 것이다. 그때 그는 비로소 하나님을 사랑이 많으신 아버지로 믿게 되고, 하나님을 무서워할 필요가 없다는 사실을 깨닫게 되며, 하나님께 새롭게 전적인 신뢰를 보내고, 하나님의 자녀가 되어 기뻐할 수 있는 것이다. 이렇게 해서 그는 그를 두렵게 하던 것으로부터 눈길을 돌려 그를 곤경에서 해방시켜주신 분께 고정시키고, 그 분 안에서 그의 영혼이 쉼을 얻고 평안을 느끼게 된다.

신경쇠약

신경쇠약에 걸린 환자가 본래 걱정, 근심이 많은 사람이라면, 그 사람은 작은 일에도 쉽게 낙담하는 사람일 것이다. 물론 정신적으로 건강한 사람이라도 정신적으로 아주 견디기 힘든 상황에 부딪히면, 때때로 어느 기간 동안 의기소침한 상태에 빠질 수 있다. 그러나 어떤 상황이 어떤 사람에게 신경쇠약을 불러일으켰다면, 그 사람에게 먼저 신경쇠약에 걸릴만한 소질이 있어야 한다. 그에게 신경쇠약에 걸릴만한 소질이 있을 경우, 겉으로 보기에 하찮은 일에서도 그 사람은 매우 깊고 긴 의기소침 상태에 빠지는 것이다.

신경쇠약의 경우에서도 좋지 못한 교육적 환경은 중요한 역할을 한다. 아이들이 자라면서 부모님들이 싸우는 것을 보고 서글픈 느낌을 가진다든지, 부모님들이 너무 완고하든지, 가족들로부터 사랑을 받지 못하든지, 집안의 경제적인 어려움 때문에 비탄에 잠기든지 하면, 아이들은 그러한 환경을 극복할만한 능력이 없기 때문에 안절부절 하지 못하는 성격이 된다. 그러다가 그런 사람들은 나중에 삶에서 심각한 어려움에 봉착할 때, 신경쇠약에 걸릴 수밖에 없게 된다. 또한 그들에게 신경쇠약을 불러일으키는 요인들로서는 병에 걸리는 것이나 부모 또는 친구의 죽음, 경제적인 궁핍, 실업, 재산의 상실, 추방 등의 역경들을 들 수도 있다. 마찬가지로 계획했던 일의 실패, 약혼의 파기, 행복하지 못한 결혼생활, 가족 사이의 다툼, 만족스럽지 못한 직장생활, 불공평하게 대하는 직장의 상사, 소외, 부상, 다른 사람의 괴롭힘 등 실망스러운 일들 역시 중요한 요인이 될 수 있다. 그밖에도 여러 가지 종류의 근심, 걱정들도 신경쇠약을 일으킬 수 있는데, 예를 들어서 말하자면 제3차 세계대전이 일어나지 않을까 하는 근심, 경제적으로 어려워지지 않을까 하는 근심, 불치의 병이 걸리면 어떻게 하나 하는 근심, 이 다음에 결혼을 해서 남편이나 아내에게 잘 해주지 못하면 어떻게 하나 하고 너무 염려할 때도 신경쇠약에 걸리는 것이다. 또 어떤 사람들은 삶의 아주 중요한 순간들이 다 가올 때도 신경쇠약에 걸리는데, 결혼이나 중요한 시험이나 공판 일이 가까워질 때 신경쇠약에 걸리는 사람들도 있다. 여성들에게 있어서는 생리가 끝나는 것을 신체적인 능력의 저하라고 생각하는 사람들은 그것이 원인이 되어 신경쇠약에 걸리기도 한다. 이 모든 것들에 덧붙여서 여러 가지 원인에서 나온 죄의식, 좋지 않은 기억, 내면적 갈등들도 포함시킬 수 있다. 그러므로 우리는 신경쇠약에 관해서 이렇게 말할 수 있다 : 신경쇠약의 뿌리에는 좋지 못했던 과거 또는 감당할 수 없는 현재가 있다.

신경쇠약이라고 진단할 수 있는 중요한 임상적 양상은 전체적인 쇠약으로까지 이끌어갈 수 있는 우울한 기분이다. 그런데 이 우울한 기분은 흔히 마음의 동요, 어쩔 줄 몰라 하는 마음, 주위 사람들에 대한 무관심, 결정 내리지 못하는 것, 일하기를 싫어하는 것, 집중하지 못하는 것, 기억을 하지 못하는 것, 불면증 등과 함께 간다. 신경쇠약에 걸린 사람들은 과거에 자기가 했던 일 때문에 자기 자신을 비난하거나, 현재 자기가 어려운 지경에 빠진 것은 누구 때문이라고 생각하여 그 사람을 비난하는 경우도 많다. 또한 그들이 느끼는 절망과 비탄은 사는 것이 지긋지긋하다는 생각을 불러일으켜 자살을 기도하게 하기도 한다. 그들에게는 삶이 다 망쳐졌다는 느낌이 너무 커서 그에게 남아 있는 유일한 수단은 죽는 것밖에 없다고 생각하는 것이다.

환자의 이런 증상들에 자기 통제를 하지 못하는 것과 자아의 과잉 상태가 덧붙여지면, 그는 아주 침울해져서 스스로를 끊임없이 비탄해 하고, 자기에 대해서 불평하며, 지나간 날의 괴롭고 고통스러웠던 일들에 대해서 미주알고주알 이야기를 늘어놓게 된다. 그에게는 지금 자신의 불운 이외에 다른 것에는 전혀 관심을 기울일 수 없게 된 것이다. 그는 지금 자신의 상황에 압도되어 있는 것이다. 그 사람의 그런 행동들 때문에 그는 가족들에게 무거운 짐이 된다.

일반적으로 신경쇠약과 우울증 사이에는 커다란 유사성이 있다. 그 두 상태는 모두 생리적인 것에서 비롯된 삶에 대한 전반적인 비관주의와 깊은 슬픔의 정조가 지배적인 병리현상이기 때문이다. 사람들은 종종 뚜렷한 원인도 없이 우울한 상태에 빠지곤 한다. 그런데 우울증에는 신경쇠약의 경우보다 유전적인 요인이 훨씬 더 많이 작용하고, 거기에는 어떻게 해볼 수 없는 경우가 많다. 그래서 신경쇠약은 환자들에게 그것을 불러일으켰던 사건들을 그들이 담당하려고 하거나 그것을 극복할 때 곧 사라지는 것과 달리 우울증은 상당히 오랜 시간이 지난 뒤에나 치유된다.

그에게 신경쇠약을 불러일으킨 원인은 종종 모르는 경우가 많다. 왜냐하면 그가 그것을 무의식 속에 억압했기 때문이다. 그러나 그가 그 원인에 대해서 잘 모르고 있을지라도 거기에는 어떤 특별한 원인이 있기 마련이다.

어떤 사람은 매년 같은 시기에 며칠동안 의기소침한 상태에 빠졌다. 그래서 그에게 이것저것을 물어보다가 그 기간이 과거에 그의 삶에서 아주 고통스러운 사건이 일어났던 기간이라는 사실을 알 수 있었다.

어떤 소녀는 저녁마다 이상하게 짓눌리는 듯한 느낌을 받았는데, 그 이유는 그녀가 6개월 전 어느 날 밤이 시작될 무렵 아주 중요한 잘못을 저질렀던 일이 있다는 사실이 밝혀졌다.

나의 환자 가운데 한 여자는 젊은 시절부터 가끔 신경쇠약에 걸리고, 그럴 때면 말을 하지 못하였다. 그녀가 아무리 말을 하려고 해도 단어 하나조차 발음해내지 못하는 것이었다. 다른 사람들은 그것도 모르고 그녀가 성의가 없어서 말을 하지 않는다고 비난하였다. 그래서 그녀는 다른 사람들에게 이해 받지 못하고 있음을 슬퍼하였다. 이 세상을 살맛도 나지 않았다. 그녀가 신경쇠약에 빠져 있지 않는 기간 동안 나와 그녀가 같이 나눈 대화 속에서 그녀는 자기가 어렸을 때 어떤 사람이 그녀에게 어린아이들이 어떻게 이 세상에 태어나게 되는지 여러 차례 설명해주었는데, 그 이야기를 듣고 아주 불쾌했던 적이 있다고 말하였다. 그런데 그 사람은 그 이야기를 어느 누구에게도 해서는 안 된다고 덧붙였다. 그 사람의 금지 명령은 그녀에게 아주 인상적으로 들렸고, 그녀의 마음을 온통 흔들어 놓았다. 그때 이래 그녀는 종종 갑작스러운 슬픔에 사로잡히게 되었고, 그 슬픔은 다른 사람이 그녀의 마음에 들지 않는 질문을 하면 말을 하지 못하게 하는 것으로 이어졌다.

신앙인들도 때때로 의기소침 상태에 빠져들 수 있다. 그가 그의 미래나 하나님을 거슬러 죄를 지었다는 사실을 알게 될 때, 그는 종종 회한에 사로잡히고 의기소침해지는 것이다. 그럴 때 하나님은 가혹한 심판관 이외에 다른 아무 것도 아니게 된다. 그래서 그는 하나님의 자비를 헤아려보려고 하지도 않고 언제나 자기가 잘못한 것만 되뇌이고, 자기가 다른 사람에게 잘못을 저질렀다고 쓰디쓴 질책을 한다. 하나님이 그를 고통스러운 길로 이끌어 가셨다면, 그것은 하나님이 그의 잘못을 처벌하기 위한 것이라고 결론을 내리는 것이다. 이 세상에서 많은 사람들은 자기가 지은 잘못을 모두 복구해 놓아야만 하나님께로부터 용서받을 수 있다고 생각하는 경우가 많다. 그런데 그러한 생각은 그를 고행으로 내몰고 불필요한 노력들을 하게 한다. 그러다가 그는 이제 더 이상 성경을 읽을 수도, 기도를 할 수도 없게 된다. 그가 이렇게 신앙의 기쁨을 누리지 못하게 되는 것은 놀라운 일이 아니다. 그러나 그는 아주 고통스러운 내면의 투쟁을 거친 다음에 하나님과 더불어 평화를 다시 찾을 수도 있다. 하지만 아무리 그의 내면에 고요가 찾아왔을지라도 그는 하나님 안에서 온전히 기쁨을 누리지는 못한다. 그리스도인으로서의 삶에 진보가 없다면, 그는 언제나 다시 의기소침의 나락에 떨어지고 마는 것이다.

고통스러운 경험을 한 다음에 빠지게 되는 신경쇠약 상태는 어떤 사람이 자아-중심적일 경우 더욱더 그에게 끈질기게 달라붙는다. 자기가 다른 사람에게 이해를 받지 못한다고 느끼거나, 다른 사람들이 자기를 불공평하게 취급한다고 화를 내거나, 고통스러운 상황을 감당할 수 없기 때문에 이웃 사람들에게 가까이 해달라고 요청할 경우, 그 사람은 더 쉽게 의기소침 상태에 빠지게 된다. 그럴 때 사람들이 하게 되는 자기 비난이나 마음속에서 키워 가는 자살 기도는 흔히 다른 사람들에게 동정심을 불러일으키거나 도움을 요청하려는 무의식적인 의도로 해석된다. 그런데 사람들은 언제나 똑같은 잘못을 하고 자기를 정죄하곤 하는데, 그 이유는 사람들이 언제나 자기-연민에 빠지기 쉽고, 자기 명예가 실추될까봐 두려워하기 때문이다.

신경쇠약을 분쇄하기 위해서는, 그것을 예방하는 것으로부터 시작해야 한다. 어린아이들은 일찍부터 행복한 환경에서 살아야 하고, 너무 어릴 때부터 삶의 투쟁에 내던져져서는 안 된다. 어떤 사람에게 신경쇠약에 잘 걸리기 쉬운 기질이 있다면, 그 사람은 아무리 작은 것에서도 즐거워할 줄 아는 방법을 배우는 것이 좋다. 그런 습관을 통해서 그 기질은 약화되기 때문이다.

어떤 사람이 고통스러운 사건 때문에 의기소침 상태에 빠졌다면, 그는 그가 신뢰하고 있는 사람과 만나는 것이 좋다. 자기가 신경쇠약에 왜 걸리게 되었는지 그 원인을 알지 못할 경우, 그 사람이 그 원인을 찾도록 도와주는 것이 중요하다. 신경쇠약의 원천을 발견하는 것은 그 사람이 그 병으로부터 해방되는 전기가 되곤 한다. 왜냐하면 그가 그 병에 걸린 것은 이제 그의 삶에서 아무 영향도 미칠 수 없는 과거의 어떤 사건 때문이라는 사실을 이제 알게 되기 때문이다. 이렇게 원인을 규명한 다음, 그로 하여금 삶을 좋은 쪽에서 살고, 이제는 아무 것도 아닌 일 때문에 걸려 넘어지지 않도록 용기를 북돋워주는 것이 필요하다. 또한 삶에서 때때로 맛보게 되는 실망을 더 잘 극복하기 위해서 우리는 사물을 우리의 이기적인 욕망의 관점에서 보지 않고, 있는 그대로 바라보는 방법을 배워야 한다. 내가 보기에 어떤 사람이 잘못하고 있다고 생각될 경우, 우리는 먼저 내 편에서는 아무 잘못도 없는지 살펴보아야 한다. 그럼에도 불구하고, 내 편에서 잘못한 것이 아무 것도 없다면, 우리에게 잘못한 사람을 용서하는 것이 좋다. 우리 내면에 다른 사람에 대한 원한과 씁쓸한 감정이 가득 차 있는 한 우리가 신경쇠약에서 풀려나지 못할 것이라는 사실을 잊지 않는 것이 중요하다. 또한 여러 가지 기분전환책이나 그에게 적당한 직업을 가지는 것은 환자들에게 삶에 대한 욕망을 되찾게 하는데 많은 도움을 준다.

 신앙인들에게 생긴 신경쇠약일 경우, 상담자들은 무엇보다도 먼저 그 사람이 하나님께 전적인 신뢰를 보낼 수 있도록 용기를 북돋워줄 수 있을 것이다. 또한 그 시련 역시 하나님의 손안에 있다는 사실을 받아들이게 하고, 그가 하나님의 뜻에 순종하며, 그에게 다가오는 모든 일들이 하늘에 계신 아버지의 선하신 의도 안에서 이루어진다는 사실을 인정하도록 용기를 북돋워주어야 한다. 어떤 사람이 신경쇠약에 걸리게 된 것이 그의 어떤 잘못 때문이라면, 현명한 상담자는 우리가 행했던 모든 잘못의 무게로부터 우리를 해방시키는 하나님께 그 사람을 데리고 가려고 해야 한다. 또한 어떤 사람이 다른 사람에게 잘못을 저질렀다면, 모든 일들을 하나님 안에서 바로 잡으려고 해야 한다.

 어떤 사람에게 용서에 대한 확신이 든다면, 그는 마음이 홀가분해짐을 느끼게 되고, 그의 기억 속에 있는 암울한 생각으로 되돌아가지 않으면서, 그의 과거로부터 줄 하나를 빼낼 수 있게 된다. 그러나 어떤 경우 그에게 신경쇠약을 일으켰던 원인으로부터 도저히 헤어 나올 수 없을 때, 예를 들어서 말하자면 사랑하는 사람을 떠나보냈거나, 불치의 병에 걸렸을 경우, 그는 매일 매일 하나님으로부터 그의 외로움을 감당할 수 있는 힘을 주시기를 기다리고, 그의 운명을 참고 받아들일 수 있도록 하나님의 도움을 기다리는 방법을 배워야 한다. 그는 그의 이성을 잃게 할 수 있는 모든 근심으로부터 벗어나기 위해서 매일 매일의 삶 속에서 하나님이 나타나시기를 기다릴 줄 아는 방법을 배워야 하는 것이다. 그 사람이 좋은 환경에 둘러싸여 있을 때, 특히 그가 그의 무거운 짐을 기꺼이 나누어지려고 하는 성숙한 그리스도인들의 집단에 속해 있으면 그것은 그에게 말할 수 없는 도움을 줄 것이다.

강박신경증

 강박신경증도 불안신경증이나 신경쇠약 못지않게 자주 나타난다. 강박신경증 환자는 물론 그의 이웃에 있는 사람들도 강박신경증 증상이 나타날 때 어떻게 해야 하는지 잘 모르거나 적절하지 않게 반응하기 때문에, 우리는 강박신경증에 대해서 좀더 자세하게 연구해야 한다.

강박신경증 환자들에게 엄습해오는 것은 어떤 불합리한 생각들이나 두려움이나 충동들이다. 그런데 여기서 문제가 되는 것은 그들이 아무리 그것들이 불합리하고 올바르지 못한 때 떠오르는 것이라는 사실을 알고 있음에도 불구하고 거기 대항하지 못한다는 점이다. 강박적인 생각들은 일반적으로 바람직하지 못하고, 사람들을 성가시게 하는 생각들이다. 예를 들어서 말하자면, 강박신경증 환자는 그의 머릿속에서 언젠가 그가 본 적이 있는 벌거벗은 사람들이 일렬로 서서 지나가는 장면을 볼 수도 있다. 그의 상상력을 외설적인 것들이 온통 지배하고 있어서, 그가 보는 모든 것들이 그에게 외설적인 장면을 떠올리게 할 수도 있는 것이다. 그렇지 않으면 그의 머릿속에 그가 언젠가 들었던 적이 있는 신성모독적인 언사들이 떠올라 없어지지 않는 경우도 있다. 마찬가지로 그에게 아주 친절하게 대해주는 사람과 이야기를 나누면서 그의 머릿속에서 아주 무례한 생각들이 떠올라, 그 생각들을 쫓아버릴 수 없는 경우도 있다.

강박적인 생각들 가운데서 매우 자주 나타나는 것들은 충동적인 강박관념과 공포심과 결부된 강박관념들이다. 환자들은 매 순간 매 순간 불행한 일이 자기에게 닥칠지 모른다는 두려움에 사로잡히는 것이다. 어떤 사람은 자기가 물에 빠져 죽을지도 모른다는 생각을 떨쳐버리지 못하고, 다른 사람은 불에 타죽을지도 모른다는 생각에 사로잡히기도 한다. 또 다른 사람은 동물들과 접촉하기를 두려워하는데 아무리 그 동물이 사납지 않은 동물이라도 마찬가지이다. 그 사람은 그 동물 때문에 독이 옮거나, 전염병에 걸리거나, 어떤 사고가 날까봐 두려워한다. 그런 사람들은

산보를 할 때도 개미나 다른 곤충들을 밟아 죽일까봐 두려워하
곤 한다. 어떤 사람은 인적이 드문 장소를 가로질러가야 할 때
공포가 엄습해오는 것을 느끼고(광장공포증), 다른 사람은 교회나
영화관이나 극장 같은 막혀 있는 곳에 들어가면, 자기가 기절하
지 않을까 하고 두려워한다(폐소공포증). 또 다른 사람은 여행하
면서, 특히 터널 밑을 지나가거나 자동차를 타고 갈 때 사고가
일어나면 어떻게 하나 하는 생각 때문에 고통을 받는다. 그런 사
람들 가운데는 가게에 들어가서 자기가 어떤 물건이나 돈을
훔치지 않을까 하는 두려움에 사로잡히기도 한다. 그런 사람
가운데는 자기가 매우 중요한 편지를 잃어버리거나, 그 편지를
불에 던져 버릴까봐 두려워하는 이들도 있다. 그래서 그런 사람
들은 자기가 아무 것도 가지지 않았다는 사실을 확인하기 위해
서 자기 손을 계속해서 들여다보곤 한다. 그러다가 그에게 어떤
불행한 일이 닥치면, 그 사람은 자기가 그 일에 가장 커다란 책
임이 있다고 생각한다. 그는 그와 가까운 사람이 죽었을 경우 자
기가 그의 죽음의 원인이 되었다는 생각을 떨쳐버리지 못하거나,
자기가 신문에서 읽은 사고의 원인이 되었다는 생각에 사로잡히
기도 한다.

그런 사람은 자기가 지금 손에 들고 있는 어떤 물건을 망가뜨
리지나 않을까 하는 두려움을 떨쳐버리지 못하는데, 그의 손이
지금 깨끗하지 않을 경우 그는 자기가 자기 주위에 있는 다른
사람들 옷을 더럽히면 어떻게 하나 하는 두려움에 사로잡히기도
한다. 더욱더 흔한 경우는 자기가 자기를 더럽히면 어떻게 하나
하는 두려움에 사로잡히는 것이다. 또한 어떤 사람들 가운데는
손에 무엇이 묻을까봐 손으로 문을 열지 않고 팔꿈치로 여는 사
람도 있는데, 그런 사람들은 다른 사람과 악수를 하려고 하지도
않는다. 이런 청결벽은 그로 하여금 하루에도 수십 번씩 손을 씻

게 하고 어떤 때는 손을 씻는데 수 시간이 걸리기도 한다. 그러다가 그가 어떤 더러운 것을 만졌다는 느낌이 들면, 그는 다시 손을 씻기 시작한다. 그렇지 않으면 그는 자기 방에 있는 물건들을 아주 정성스럽게 닦기도 한다. 어떤 사람 가운데는 뾰족하거나 아주 얇은 물건만 보면 거기에 베거나 다치지 않을까 하면서 두려워하는 사람도 있다. 그래서 그들은 가위나 칼이나 바늘 곁에 가까이 가려고 하지도 않는다. 때때로 그런 사람들은 길 위에 있는 보도 블럭이나 마루에 있는 널판이나 옷감에 나있는 무늬의 개수를 세고 또 세면서 자기 계산이 틀리지 않았는지 확인하려고 한다(계산벽). 어떤 경우 그런 사람들은 하루 일을 시작하기 전, 오늘 해야 하는 문제들을 어떻게 처리할까 하고 궁리하고 또 궁리해야 한다는 생각에 사로잡히기도 하는데, 아무리 궁리해도 결론을 내리지 못하곤 한다. 그는 때때로 이웃 사람들에게 말도 안 되는 질문을 하면서 귀찮게 굴기도 한다. 또한 그는 너무 세심해서 모든 물건들이 제 자리에 놓여져 있는지 살펴보고, 또 살펴보아야만 직성이 풀린다(지나친 세심증).

강박신경증 환자들은 직장에서도 다른 삶의 자리에서와 마찬가지로 자기가 해야 할 일을 하지 않고 지나가지 않았는지 지나치게 두려워한다. 그래서 편지에 겉봉은 잘못 쓰지나 않았는지, 불들은 제대로 껐는지, 가스는 제대로 잠갔는지, 빗장은 제대로 걸었는지 노심초사하면서 보낸다. 그는 아무리 작은 일이라도 또 한번 확인해야 한다는 강압을 받고, 그것이 그로 하여금 이미 했던 일을 반복하게 하며, 모든 것이 제대로 되어 있다고 확인해야 비로소 안심하는 것이다. 말하자면, 그는 어떤 일을 할지라도 돌다리도 두드려보고 건너는 스타일인 것이다. 그래서 그는 다른 사람의 말을 들을 때도 그가 똑같은 말을 반복해서 해주어야 직성이 풀린다. 또한 그는 어떤 일을 한 다음에 자기가 거꾸로 하지 않았나 하고 자문하는 경우도 많다. 마찬가지로 그는 그의 일을 할 때 아주 열심하고 꼼꼼히 하지만, 시간이 얼만큼 걸리는지에 대해서는 신경을 쓰지 않는다.

다른 사람들과의 관계에서도 그는 너무 양심적이어서 다른 사람이 보기에는 소심하다고 할 정도이다. 그래서 그는 언제나 자기가 말이나 행동으로 다른 사람들에게 상처를 입혔다고 생각하며, 계속해서 용서를 빌곤 한다. 다른 사람과 말을 할 때도 그는 자기가 진실을 제대로 전달하지 못하거나, 자기가 한 말을 상대방이 제대로 이해하지 못할까봐 수십 번씩 표현을 달리하곤 한다. 하지만 그렇게 한 다음에도 그는 자기가 제대로 말하지 못했고, 잘못 말한 것이 있다고 두려워한다. 그는 너무 소심한 것이다. 그는 자기가 정직하지 못했다고 스스로를 질책하지 않기 위해서 또 다른 극단에 빠지기도 하는데, 그의 양심이 똑바로 행동하라는 소리가 들리면, 그는 자기가 지금 하는 일이 정말 올바른 일인지를 묻고 또 묻는다. 그러다가 곰곰 생각해 본 다음 그의 양심이 조금이라도 다른 말을 하면, 즉시 자기를 질책하곤 한다.

어떤 강박신경증은 때때로 위험한 경우도 있다. 어떤 환자는 아주 중요한 사람에게 나쁜 짓을 하려는 충동을 느낄 때도 있는데, 그 대상이 아주 가까운 사람인 경우가 많다. 예를 들어서 말하자면, 어떤 사람은 자기 사장의 뺨을 후려치거나, 욕을 하려는 충동을 느낄 때가 있는 것이다. 그때 그의 손에 칼이나 아주 날카로운 물건이 쥐어졌다면, 그는 그것으로 그 사람을 찌르려는 충동을 느낄 수도 있다. 또한 그가 아주 높은 탑이나 다리에 있다면, 그에게는 거기서 뛰어내리려는 열망이 느껴지기도 한다. 그가 그런 충동을 행동으로 옮기지 못하면 그에게는 자기가 너무 비겁하다는 왜곡된 양심 상태에 빠질 수도 있다. 그러나 그 환자가 정말로 그런 끔찍한 행동을 했다면, 그것은 강박적인 충동 때문이 아니라 강박적인 공포 때문일 것이다. 왜냐하면 그런 생각을 행동으로 옮기지 않을까 하는 두려움은 언제나 그를 행동으로 몰고 가는 충동보다 강해서 그런 충동은 행동으로까지 이어지지 않기 때문이다. 그래서 아무리 강박적인 충동을 강하게 느끼는 사람이라고 할지라도 마지막 순간에는 행동으로 옮기기 전에 뒤로 물러서곤 한다.

많은 강박신경증은 흔히 미신적인 생각에 기반을 둔 특정한 제의(le rite)들을 하기도 한다. 그래서 청결에 대한 강박신경증에 걸린 환자 가운데는 손가락 하나 하나를 특별한 순서를 따라서 씻어야 한다고 생각하면서 그 순서를 잊어버릴까봐 전전긍긍하기도 하고, 어떤 사람은 손을 물에 넣고 백까지 셀 때까지 쳐다본 다음에 손을 씻어야 한다고 생각한다. 그렇지 않으면 어떤 사람은 손을 씻을 때 반드시 오른손을 씻고 왼손을 씻어야 하는 사람도 있고, 또 다른 사람은 왼손이나 오른손을 세 번이나 네 번 등 자기가 어릴 때부터 마음에 두고 있는 숫자만큼 씻어야 한다고 생각하기도 한다. 그가 이런 강박적인 제의를 하는데 방해받았다면, 그것은 처음부터 다시 시작해야 한다. 그는 문제가 되는 대상에게 특정한 방식으로 접근해야 하고, 그의 행동을 제대로 했는지 못했는지 매순간 매순간 정확하게 확인해야 하며, 그것이 잘못 되었을 경우 몇 번이라도 다시 행해야 직성이 풀리는 사람인 것이다. 그런 일들을 할 때마다 그는 제의 절차 가운데 어느 하나라도 제대로 행해지지 않으면 큰 일이 난다고 믿는다. 또 어떤 사람은 그가 두려워하는 어떤 사건이 일어나려고 하면 그것이 일어나지 않도록 하기 위해서 엄지손가락을 특별한 방식으로 내리누르는 경우도 있다. 또 다른 사람은 자기가 일하는 작업장의 울타리를 들어설 때마다 울타리 기둥 하나하나를 손으로 탁탁 쳐야만 그날 일을 제대로 끝낼 수 있다고 생각하면서 탁탁 치면서 들어오는 사람도 있다. 이 모든 행동들은 그가 반드시 해야 하는 제의인 것이다.

  이 밖에도 이와 비슷한 제의는 수도 셀 수 없으리만큼 많다. 그러나 이 정도로만 이야기해도 강박신경증 환자들이 하는 무수하게 다양한 제의들이 어떤 것인지 알 수 있을 것이다. 강박신경증은 그 증상이 심각할 경우 문제가 되는 생각이나 행동이 실행되려는 순간 한없이 확장되려는 경향을 보인다. 그래서 더럽혀지지 않을까 하는 두려움이 심해지면 환자들은 아무 것도 만지지 못하게 된다. 처음에는 어떤 더러운 물건을 만진 다음에 손을 씻어야겠다고 생각했던 강박 충동이 점점 더 심해져서 더럽지 않은 것을 만진 다음에도 손을 씻어야 하는 것으로 확장되는 것이다. 그러다가 그는 그것과 비슷한 물건 가까이 다가가기만 해도 손을 씻어야 하고, 나중에는 그것과 어느 정도 가까이 있었던 모든 것들과 접촉하기만 해도 손을 씻어야 하는 것이다.

    아버지를 여읜 어떤 여자 환자에게 아버지의 시체를 만진 다음 세척강박증이 처음 생겼다. 그러다가 그녀에게는 다른 사람들의 죽음과 관계되는 일만 생기면 손을 씻어야 했다. 그 후 그녀는 공동묘지에 가거나, 공동묘지에 갔던 사람이나 공동묘지에서 일하는 사람--예를 들어서 말하자면 공동묘지에서 일하는 석공--과 가까이 가기만 해도 손을 씻어야 했다. 그러다가 그녀는 결국 그녀에게 죽음이나 공동묘지를 연상시키는 것 가까이 가기만 해도 손을 씻어야 할 정도로까지 되었다.

  강박증상이 기독교인들에게 나타날 때, 그 양상에 어떤 특별한 점이 있으리라는 것은 당연한 일일 것이다. 그들에게서 강박증상은 종교적인 문제들을 끊임없이 제기하면서 나타나는 것이다. 그래서 그들의 강박신경증에서는 하나님의 본성이나 땅의 기원이나 하나님이 이 세상에 세워놓으신 질서나 죽음 이후의 삶이나 영원성에 관한 것들과 관계되는 증상들로 나타난다. 어떤 사람은 성경말씀을 쉬지 않고 반복해 읽어야 한다는 충동을 느끼고, 다른 사람은 밤중에 찬송가 구절을 노래해야 한다는 충동에 사로잡히는 것이다. 사람들은 때때로 모든 종류의 종교적인 세심증에 시달리기도 한다. 그래서 그들은 끊임없이 그들이 무엇인가를 빼먹거나 범함으로써 죄를 짓고 있지 않은지 자문하고, 가까운 사람들을 죄에 빠트리지 않는지 스스로에게 물어본다. 그렇지 않으면, 그들은 그가 정말 회개를 했는지, 그의 고백이 완전했는지, 성찬식을 했다면 그가 제대로 된 자세로 성찬식을 거행했는지 자문한다. 그는 언제나 그가 하나님의 계명을 제대로 지키지 못하지나 않은지, 그럼으로써 하나님에게 벌을 받지나 않을는지 두려워하는 것이다. 그는 특별히 그가 매우 혐오하고 있거나 그가 감히 입에 올려서는 안 되는 더러운 생각들이 머리에 떠오르거나, 그가 성경 말씀을 읽을 때 올바르지 않은 생각들이 떠오를 때, 또한 그가 예수님에 대해서 묵상하려고 하는데 외설적이거나 신성모독적인 환상들이 떠올라서 고통을 당하고 있는 것이다.

 그들에게는 강박관념이 떠나지 않고 머물러 있다. 그들은 하나님을 저주하려는 충동을 느낄 수 있으며, 예배를 드릴 때 폭소를 터뜨리거나, 십자가 고상(苦像)을 더럽히거나, 전례 도구를 훼손시키거나, 기도를 드리면서 불경한 말을 하려는 충동에 사로잡힐 수 있는 것이다. 그들은 때때로 그런 생각이나 욕망에 사로잡히기 때문에 그들이 성령을 거스르는 죄를 짓지나 않았는지, 또는 영원한 형벌을 받지나 않을는지 하면서 두려워한다.

 신경증에 걸린 신앙인들에게는 고백을 해야겠다는 강박관념도 자주 나타난다. 그들은 신앙인들이 다른 사람들과 제대로 된 관계를 맺어야 한다는 설교를 들을 때나 그런 것을 강조하는 신앙서적을 읽을 때, 다른 사람들 앞에서 자신의 죄를 모두 고백해야 한다는 충동을 느끼는 것이다. 그들은 그들이 지은 죄를 다른 사람들 앞에서 낱낱이 고백하기 전까지 하나님은 그들이 바라는 마음의 평화를 주지 않으실 것이라는 확신을 가지고 있다. 그래서 그들은 그들의 과거사 가운데서 대수롭지 않은 것들까지 그들의 이웃들에게 고백해야 한다고 생각하면서 시시콜콜 털어놓는다. 그들은 시간만 있으면 다른 성도들에게 그들의 과거사를 이야기하고, 상담자들 찾아가 그들이 과거에 잘못했던 것들을 고백하는 것이다. 상담자들이 아무리 그들에게 모든 것들이 지금 제대로 되어 있다고 확신시켜주어도 소용이 없다. 그들은 끊임없이 그들의 잘못을 회개해야 한다고 생각한다. 그들이 아무리 고백을 했어도 내면의 평화를 얻지 못했기 때문에 그들은 고백을 성실하게 하지 못했다고 생각하고, 아직 다 고백하지 못한 잘못이 없는지 찾고 있는 것이다. 그렇지 않다면, 그들은 용서받기 위해서는 이런 방식이나 다른 방식으로 다시 고백해야 한다고 생각한다. 어쩌다 그를 사로잡고 있던 병적인 생각이 들지 않으면, 그는 지금 너무 태만한 것은 아닌지, 아니면 하나님께 반항하고 있지나 않은지, 하나님으로부터 버림받지나 않았는지 두려워한다. 그가 그런 생각에서 벗어나는 길은 그의 양심이 그에게 알려주는 그 잘못들을 고백하지 않고 지나가야만 가능하다. 그는 하나님의 은혜를 조금 늦게 받아야 하는 것이다. 왜냐하면 그에게 고백해야만 한다고 처방을 내리는 것은 그의 양심이 아니라 병적인 소심이며, 그가 다른 사람들 앞에서 고백해야 한다고 생각하는 것들은 대부분의 경우에 있어서 그럴 필요가 없는 자잘한 문제들이라는 사실을 알지 못하기 때문이다.

또한 어떤 신앙인들은 맹세를 해야 하는 광기 때문에 고통을 받기도 한다. 환자들은 하나님께 올바르게 보이기 위해서는 무엇인가를 하나님께 약속을 해드려야 한다는 압력을 받기 때문이다. 그런데 약속의 대상이 되는 것은 대부분의 경우에 있어서 순전히 외적인 행위들이다. 고기를 먹지 않겠다거나, 패물을 지니지 않겠다거나, 라디오를 듣지 않겠다거나, 극장에 가지 않겠다는 등의 맹세인 것이다. 어떤 사람들은 어떤 잘못을 저지른 다음, 다시는 그런 잘못을 저지르지 않겠다고 맹세하기도 한다. 또 다른 사람들은 그들이 하나님께 맹세를 했는지, 또는 어떤 상황에서 반드시 그 약속을 지켜야 하는 것인지, 그들이 그 약속을 지키지 못하지나 않았는지 하는 것들을 잘 알지 못해서 고통당하는 사람들도 있다. 그들이 어쩌다 다른 사람들이 하는 조언을 따라서 마치 하나님과 아무 약속도 하지 않은 것처럼 산다면, 그들은 하나님 앞에서 신실하지 않았기 때문에 하나님께 벌을 받아야 마땅하다고 생각한다.

다른 사람에 대한 근심에 사로잡혀 있는 기독교인들은 끊임없이 그들이 제대로 사는지 스스로에게 물어본다. 그의 가족 가운데 한 사람이 병에라도 걸렸다면, 그는 그 사람을 위해서 전력을 다해야 한다고 생각한다. 그래서 다른 어느 것도 생각하지 못하고 그 사람의 병에 대해서만 걱정을 하며, 그 사람이 고통을 겪고 있는 한 자기는 편안하게 지내서도 안 되고 기쁨을 누려서도 안 된다고 생각한다.

또한 다른 사람을 회개시켜야 한다는 생각을 가진 사람들은--많은 기독교인들은 이런 생각을 하고 있는데--그가 만나는 사람들에게 모두 하나님의 구원에 관해서 말을 해야 한다는 생각에 사로잡혀 있기 쉽다. 그래서 그는 그가 만일 하나님에 대한 그의 신앙을 고백하지 않는다면, 하나님은 그를 다른 사람들 앞에서 알지 못한다고 부인하면서 처벌할 것이라고 생각한다. 그가 그들을 두려워했기 때문이다. 그는 다른 사람들을 하나님께 인도하기를 거부해서는 안 되는 것이다. 그러나 그가 이런 일에 열중해 있으면 열중해 있을수록 그가 양심의 소리라고 생각하는 내적인 요청은 점점 더 엄격하게 요구한다. 그러다가 결국 그는 하나님께서 그에게 증언하라고 주신 기회들만 가지고서는 부족하고, 그가 증언할 수 있는 기회들을 만들어야 한다고 생각하게 된다. 그래서 그는 신앙에 관한 소책자들을 길거리나, 공장이나, 다방에 가서 나누어주거나, 신문에서 지금 어떤 어려움 가운데 있다고 기사가 난 사람의 주소를 찾아서 신앙서적을 보내기도 한다. 그런데 환자들은 때때로 그를 사로잡고 있는 그런 생각들이 정말 하나님으로부터 온 것인지 의심할 때가 많다.

신앙인들 가운데는 일종의 강박적인 기도를 하는 이들도 있다. 그들은 쉬지 말고 기도해야 한다고 생각하는 경우가 있는데, 그것은 그들이 너무 기도를 하지 않는 것은 아닌가 하는 두려움이나 그들에게 기도에 대한 열정이 없지 않은가 하는 두려움 때문이다. 더구나 그가 어떤 잘못을 했다고 생각될 때, 하나님께 용서해 달라고 끊임없이 애원하는데, 그 청원이 받아들여졌다는 확신을 가지지 못하는 경우가 많다. 그는 기도를 하면서 일반적으로 같은 형식으로 기도하고 같은 동작으로 기도를 마치곤 한다. 그는 그의 집 안이나 밖에서 언제나 같은 장소에 와서 똑같은 기도를 반복하거나, 주기도문을 같은 회수만큼 외우거나, 같은 기도를 같은 시간에 반복하는 것이다.

어떤 사람은 중보기도를 해야 한다는 강박에 사로잡혀 있기도 하다. 어떤 환자는 그가 오랫동안 알고 있던 사람들 모두를 위해서 기도해야 하는 것이다. 그래서 그는 중보기도를 위한 사람들 명단을 길게 써서 하루에도 여러 차례 그 사람들의 이름을 길게 부르면서 기도를 해야만 쉴 수 있게 된다.

강박신경증 때문에 고통을 받는 사람들은 내면에서 깊은 혼란을 겪는 사람들이라고 이미 말한 바 있다. 건강한 사람들은 환자들을 사로잡아 고통스럽게 하는 비합리적인 두려움이나 강압적인 생각들을 쉽지는 않겠지만 제대로 처리할 수 있다. 그러나 환자들은 그들을 사로잡고 있는 생각들이 이상하고, 잘못된 것이며, 우스꽝스러운 것이라는 사실을 잘 알고 있지만, 그 생각들을 억누르지 못하고 있다. 그들은 그 생각들을 없앨 수 없는 것이다. 오히려 그 생각들이 그를 완전히 지배하고 있다는데 문제가 있다. 더구나 그를 사로잡고 있는 소심한 성격은 그에게 깊은 회한을 불러일으킨다. 그래서 그를 사로잡고 있는 강박관념과 그의 이성 사이의 싸움은 그의 정신에너지를 모두 소진시킬 때까지 계속된다. 더구나 그 싸움은 그의 의지가 풀려나서 그가 완전히 파멸되고, 미치지나 않을까 하는 생각으로까지 이어진다. 거기에 덧붙여져서 그는 다른 사람들이 그의 생각과 강박관념을 뚫고 들어와서 그에게 그렇게 어처구니없는 생각을 할 수 있느냐고 비난하지나 않을까 하고 두려워한다. 그가 조롱당할까봐 두려워하는 것이다.

다른 사람들과 만날 때, 그는 흔히 자기 자신에 대해서 자신감을 갖지 못하고 있다. 일상적인 일을 하면서도 그는 두려워하고, 우유부단하며, 때때로 어린아이처럼 의존적이고, 일을 만족스럽게 끝내지 못하는 경우가 많은 것이다. 어떤 사람에게 잘못된 행동을 하려는 충동이 치밀어 오르면, 그는 그 사람에 대해서 죄의식을 느끼고 자기가 그런 끔찍한 생각을 했기 때문에 자기가 나쁜 사람이라고 생각한다. 어떤 때는 자기가 다른 사람들과 함께 살 자격도 없는 사람이라고 생각하기도 한다. 때때로 그는 그의 손에 들어오는 모든 것들을 망쳐버릴지 모른다는 생각 때문에 아무 것도 하지 못하는 수도 있다. 그는 그에게 그런 강박관념을 유발시킬지도 모르는 일들을 회피하기 위해서 친척들과 만나는 기회도 제한해야 하고, 사회적인 일이나 종교적인 모임에도 가지 않으려 하고, 외로운 삶을 살려고 한다. 그러다가 드디어 직업적인 활동에서도 거의 아무 것도 하지 못하는 일이 다가오기도 한다. 그런 사람들에게 우울증이 찾아오는 것은 놀라운 일이 아니다.

그들에게 영적인 삶에 문제가 있으리라는 것은 당연한 일이다. 그들은 아이들이 자기 아버지에게 다가가듯이 하나님께 다가가지 못한다. 그들은 자기 생각이 깨끗하지 못하다고 생각하고, 죄의 상태에 있으며, 사탄의 세력에 사로잡혀 있다고 생각하기 때문이다. 그들은 그의 머리에서 자꾸 떠오르는 신성모독적인 생각들은 하나님이 그를 버리신 증거라고 확신한다. 그는 종교적으로 소심하기 때문에 그의 신앙은 굳건하지 못하고 안정되어 있지 못하다. 자신의 충동을 따라야 할 것인가, 아니면 따르지 말아야 할 것인가 하는 끊임없는 자문(自問)은 그에게 모든 자기 확신을 빼앗아 가버렸다. 그는 자기가 언제나 하나님의 계명을 제대로 지키지 못했다고 두려워하기 때문에 율법주의자들처럼 날이 저물면 그가 어느 것을 하고 어느 것을 하지 말아야 죄를 짓지 않는 것인지 따지려고 한다. 이러한 강박관념은 그가 한시도 하나님 안에서 기쁨을 누리거나, 마음의 평화를 누리지 못하게 한다. 필자에게 온 아래 편지는 강박신경증 환자가 얼마나 내면적으로 고통을 받으면서 사는지 잘 보여주고 있다.

저는 만 34세가 되는 사람입니다. 저는 지난 가을부터 신경이 매우 날카로워졌고, 종종 강박관념에 시달리게 되었습니다. 강박관념은 처음에 따로따로 일어났습니다. 하지만 조금 후부터 점점 더 많이 일어났고, 강도도 아주 심해졌습니다. 저는 제가 본래 소심한 사람이고, 그 소심증이 심해져서 이제 병적으로 된 것이나 아닌가 하는 사실을 말해야 할 것 같습니다. 이제 처음 저를 엄습했던 강박관념에 대해서 말을 해야 할 것 같습니다.

저는 봉급을 받았습니다. 저는 몇 차례 봉급을 센 다음 액수가 맞다는 것을 확인하고 안심했습니다. 집에 돌아와서 저는 습관대로 제 봉급을 봉투에 넣으려고 했습니다. 저는 언제나 제 돈을 봉투에 넣고, 그 위에 액수를 정확하게 기입했기 때문입니다. 어느 날 나는 책상에서 봉투를 꺼내다가 50 프랑짜리 지폐 하나를 보았는데, 그 돈은 봉투에 기입되지 않은 돈이었습니다. 게다가 내 가방에는 다른 돈까지 있었습니다. 그러자 나는 서랍에 있던 50프랑은 회사에서 내 월급보다 더 준 것이라는 생각을 지울 수 없었습니다. 처음에는 내 이성이 이겼습니다. 나는 내가 봉급으로 받은 돈을 세었을 때 50 프랑짜리 지폐가 없었기 때문에 내 생각이 잘못된 것이라고 나에게 타일렀기 때문입니다. 하지만 일주일 내내 그런 생각이 나에게 너무 심하게 엄습해서, 나는 그런 생각이 날 때마다 몸이 다 아플 지경이었습니다. 그래서 밤마다 잠을 설치게 되었고, 하나님께 내 의문을 밝게 해명해달라고 기도를 했습니다. 정말이지 경리과에 찾아가 봉급날 정산한 액수가 틀리지 않았는지 물으러 가기는 싫었습니다. 그러나 나에게 끈질기게 달라붙어 있는 그 강박관념을 없애기 위해서는 그 수밖에 없다는 느낌이 들었습니다. 내가 그 생각을 도저히 어떻게 할 수 없었기 때문입니다. 나의 다른 기능들이 모두 말짱하지만 나는 미치는 것 같았습니다. 어떻게 해야 할지를 알지 못해서 나는 경리과에 가서 물어보아야 할지 물어보지 말아야 할지를 운명에 맡기기로 했습니다. 그래서 나는 경리과에 가서 물어보아야 하는 것이 하나님의 뜻이라면 "그렇다"라고 적힌 종이를 뽑게 해 달라고 기도했습니다. 결국 나는 "그렇다"고 적힌 종이를 뽑았고, 경리과에 가서 물어보았습니다. 그때 경리과 직원은 내가 그 돈을 아무도 모르게 써도 된다고 말해 주었습니다. 왜냐하면 그 날 그의 계산은 정확하게 맞아떨어졌기 때문입니다.

처음에 나는 뛸 듯이 기뻤습니다. 그러나 즉시 나는 그가 "아무도 모르게"라고 말한 것이 걸렸습니다. 그래서 나는 내가 정확하게 계산하려면, 누구에게 50 프랑을 주어야 하는지 물어보아야 하게 되었습니다. 하지만 아무에게도 물어볼 수 없었기 때문에 나는 걱정에 쌓이게 되었습니다. 그렇게 하지 못하자, 내 마음은 안절부절 못하게 되었습니다. 그래서 나는 때때로 내가 지금 당신에게 쓰고 있는 이 편지 내용처럼 모든 사람들에게 "당신은 혹시 봉급에서 50프랑을 덜 받지 않았습니까?" 하고 물어보지나 않을까 하고 두려워했지만, 사태는 그렇게 심각하게까지 전개되지 않았습니다. 그 이후 나는 거스름돈을 받을 때마다 그 돈의 액수가 제대로 된 것인지, 아니면 내가 다른 사람의 돈을 더 받은 것이나 아닌지 하고 자문하는 버릇이 생겼습니다. 그런 생각은 악마적인 힘으로 나를 쫓아다녀서 나는 한시도 편안할 수 없었고, 내 신앙을 흔들리게 했습니다.

그 얼마 후 나의 아버지는 돌아가셨고, 이미 날카로워진 내 신경은 더욱더 날카로워졌습니다. 그래서 나는 어떤 사람에게 선물을 한 다음에도 이와 비슷한 생각이 머리에 떠올라 나를 몹시 괴롭히게 되었다. 왜냐하면 내가 어떤 사람에게 선물을 한 다음, 내가 그에게 선물을 제대로 전달했는지, 아니면 어디 다른 곳에 놓은 것이나 아닌지 하는 생각이 떠나지 않았기 때문입니다. 또한 언젠가 나는 내 동료와 함께 기차를 타러 간 적이 있었는데, 역으로 가는 길에 어떤 거지가 우리에게 적선을 구하였습니다. 나는 매우 바빴지만 지갑을 꺼내어 동전 몇 개를 집어서 그의 모자에 던져주었습니다. 왜냐하면 그런 경우 내 머리에는 "아무리 작은 자에게 그런 일들을 한 것이라도, 그것은 나에게 한 것이다"라는 예수님의 말씀이 떠오르기 때문입니다. 그때 나는 그 거지에게 손을 내밀어 돈을 주면서, 다른 돈들까지 땅에 떨어뜨리게 되었습니다. 그때 내 친구는 그것들을 주워서 나에게 주었다. 그 순간 갑자기 나에게는 그 돈은 내 것이 될 수 없다는 어리석은 생각이 떠올랐습니다. 내가 아무리 계산을 잘 했더라도 상관없는 일이었으며, 나는 언제나 그런 강박적인 생각들 때문에 내 마음이 괴로웠던 것입니다. 또 다른 날 어느 거지가 우리 집에 왔는데, 나는 그에게 버터를 바른 빵과 카카오 한 그릇을 주었습니다. 그러나 내 마음에는 그에게 좀더 대접을 잘 했어야 한다는 생각이 떠올랐습니다. 그래서 그에게 좀더 많은 것을 차려주었고, 내 마음은 흡족했습니다. 하지만 조금 후 내 마음에는 내가 그에게 해로운 것을 주지 않았는지 하는 두려움이 생겨서 기쁨은 순식간에 사라졌고, 나는 한나절 내내 기분이 언짢았습니다. 또한 나는 우편배달부나 돈을 많이 가지고 있는 사람이 나에게 다가오면 내가 그에게서 돈을 빼앗으면 어떻게 하나 하는 생각이 갑자기 들면서 두려워졌습니다. 나에게 그렇게 하려는 생각이 전혀 없었음에도 불구하고 말입니다.

나에게서 강박관념들은 조금씩 조금씩 점점 더 믿을 수 없을 만큼 자라났습니다. 나는 포장지 끝을 세밀하게 살펴보면서 거기에 돈이 붙어서 오지나 않았는지 확인하게 되었던 것입니다. 어느 날 나는 포장지들을 태우려고 난로에 버리기 전, 포장지 끝에 뭐가 붙어 있지나 않은지 확인하며 가방을 비우고 있었는데, 내 손이나 손가락 사이에 무엇이 붙어 있다가 난로 속에 들어가 버릴 수도 있다는 생각이 떠올랐습니다. 그래서 나는 그 생각에 져서, 난로를 비워서 불을 끄고, 내 손과 종이의 양쪽 면을 다 살펴보면서 그것들을 다시 난로에 집어넣었습니다. 그때 이래 나는 내가 무엇에 손을 대는 것을 믿지 못하게 되었습니다. 그래서 무엇을 만지려고 할 때마다 나는 먼저 내 손에 무엇이 붙어있는지 없는지 살펴보게 되었습니다. 내가 내 손을 바라보는 것을 보고서, 나를 아는 사람들은 내가 신경과민이라고 생각하지 않을 수 없었을 것입니다.

언제나 처럼 나는 일들을 아주 꼼꼼하게 하였습니다. 그러나 나는 일을 하면서도 불안감에 사로잡혀 있었습니다. 그래서 어리석은 생각이 들 때면, 나는 숫자들을 제대로 장부에 기입했는지 하는 두려움 때문에 숫자들을 몇 번이고 다시 읽곤 하였고, 그런 두려움에서 벗어날 수 없었습니다. 또한 돈이나 다른 것들이 내 옷에 붙어있을지 모른다는 생각을 떨쳐버릴 수가 없어서, 나는 어느 날 우리 집에서 내 옷들을 솔기마다 모두 살펴본 적도 있습니다. 게다가 나는 때때로 내가 나도 모르게 내 것이 아닌 물건들을 집에 가져갈지도 모른다는 무시무시한 생각에서 벗어날 수 없었으며, 그런 생각들을 떨쳐버리기가 여간 어려운 일이 아니었습니다. 그래서 결국 나는 아무 것도 사러 가지 못하게 되었고, 아무 데도 방문하지 못하게 되었습니다. 어쩌다가 숲으로 산책하러 가는 것 이외에는 우리 집에서 직장으로 오가는 것 이외에 아무 데도 다니지 못하게 되었던 것입니다.

그런 강박관념은 내가 길거리에 있을 때도 나를 괴롭혔습니다. 그래서 나는 내 것이 아닌 것을 아무 것도 가지지 않았다는 것을 확인하기 위하여 길거리에서 내 손을 살펴보았고, 다른 사람의 물건을 내가 잘못 버린 것이 아무 것도 없다는 것을 확인하기 위해서 가던 길을 되짚어가는 경우도 많았습니다. 그런 때 나는 다른 사람들이 내가 그렇게 하는 것을 눈치채지 못하게 하기 위하여 보통 거울 앞에서 내 손을 살펴보곤 하였습니다. 또한 나는 저녁 늦게 집에 들어올 때도, 내가 다른 사람의 것을 아무 것도 버리지 않았다는 것을 확인하기 위해서 내가 왔던 길을 다시 가야만 했습니다. 내가 그렇게 하니까 다른 사람들은 내가 그 사람들에게 접근하려고 그러는 것이 아닌가 하는 생각을 하기도 하였습니다. 어쨌든 그런 생각들은 나로 하여금 내 일에 집중하지 못하게 하였습니다.

그러다가 어느 날인가부터 나는 과일의 껍질을 벗기지 않게 되었습니다. 왜냐하면 내가 과일 껍질에 내 것이 아닌 다른 사람의 물건을 숨겼다는 의심을 받지나 않을까 하는 두려움 때문이었습니다. 같은 맥락에서 나는 껍질째 익힌 삶은 감자를 먹을 때도 두려워했는데, 그것은 내가 나중에 껍질을 깐 다음 그 껍질들을 버릴 때 다른 것들이 그 껍질에 같이 휩쓸려 들어가면 어떻게 하나 하는 생각이 내 머릿속에서 떠나지 않았기 때문입니다. 이런 말도 안 되는 생각들이 나를 괴롭게 했으며, 나는 때때로 제 정신이 아니었습니다.
 나는 운하를 따라서 걸어가는 것도 몹시 두려워했는데, 그 이유는 내가 나도 모르게 다른 사람을 운하에 밀어 넣으면 어떻게 하나 하는 두려움 때문이었습니다. 또한 나는 물가에 가서도 거기에 무엇이 빠지지나 않았는지 물을 유심히 들여다보았다. 나는 한시도 나를 끈질기게 사로잡고 있는 소심한 경계심으로부터 벗어날 수 없었던 것입니다. 나는 하나님께 내가 그렇게 어리석은 생각들을 하지 않게 해달라고 간절히 기도하였습니다. 그러나 나는 그런 생각들과의 싸움이 처음보다는 그렇게까지 걱정스럽게 느껴지지 않았지만, 아직도 그 생각들에서 완전히 자유롭지는 못합니다. 내 병의 원인은 아까도 말했지만 내가 나에 대해서 자신감을 가지지 못하고 있으며, 내가 너무 소심해서 생긴 것이라고 생각합니다. 나는 나 때문에 다른 사람이 피해를 보지나 않을까 하는 것을 너무 생각하느라고 병에 걸렸던 것입니다. 당신은 아마 내가 내 죄에 대해서 잘 모르고 있으며, 그것이 내 치유에 걸림돌로 작용했다고 생각할 것입니다. 하지만 나는 당신에게 나는 내 잘못에 대해서 충분히 인식하고 있으며, 내가 매일 매일 하나님께 나의 말이나 행동으로 잘못하는 것들을 용서해달라는 기도를 드린다고 말하고 싶습니다. 나도 때때로 의기소침한 상태에 빠지기는 하지만 나는 지금 우울해 있지 않다. 나는 본래 낙천적인 성격이기 때문입니다.

 강박신경증의 원천에는 무엇보다도 먼저 과도하게 세심한 성향이 자리 잡고 있다. 강박신경증 환자들은 어릴 때부터 너무 소심하고, 병적이며 지나칠 정도로 신중하고, 자기 자신을 잘 믿지 못하고, 너무 양심적인 것이다. 그들에게는 틀림없이 유전적인 소인이 있는 것 같다. 대부분의 경우에 있어서 그들의 부모님이나 형제, 자매 또는 다소 먼 친척 가운데 그와 비슷하게 병적인 소심증이나 강박적인 공포증을 보이는 사람이 있으며, 우울증으로까지 나아가는 의기소침에 잘 빠지는 사람이 있는 것이다. 그런 사람들의 아버지 가운데 어떤 이는 알콜 중독자도 있을 수 있다.

교육을 너무 엄격하게 받는 것도 이런 종류의 신경증을 일으키기 쉽다. 하루 종일 어른들이 아이가 잘못한 것을 지적하거나, 아주 작은 잘못이라도 그냥 지나가 주지 못하고 야단치내며, 일을 제대로 하거나 깨끗하게 해야만 사랑 받을 수 있다고 주입시킨다면— 아이들 손이 더러워졌을 때 즉시 손을 씻어야 한다고 야단친다면 —또한 아이들이 말을 듣지 않을 때마다 심하게 야단친다면, 아이들은 너무 소심해지고, 죄의식이 많은 성격으로 된다.

다른 모든 신경증의 경우와 마찬가지로, 너무 세심한 성격을 가진 사람들을 온통 뒤흔들어 놓는 고통스러운 체험은 신경증을 유발하는 상황을 만들어낸다. 하지만 그런 상황들이 조성되었다고 해서 신경증이 언제나 즉시 나타나는 것만은 아니다. 신경증은 그것을 촉발시켰던 사건이 일어난 지 몇 년이 지난 다음, 어떤 신체적인 질병이나 강한 정동적인 반응이 일어난 후 시작되기도 하는 것이다. 다시 말해서 신경증 환자는 그에게 신경증을 불러일으킨 사건에 대해서 늘 죄의식을 느끼다가 결국 신경증에 걸리는 경우도 많은 것이다. 그러나 대부분의 경우에 있어서 그 때 그에게 죄의식을 느끼게 하는 잘못이란 대단한 것들이 아니다. 신경증 환자의 정신구조를 세밀히 살펴보면, 우리는 신경증에서 과도한 죄의식의 존재를 찾게 되는 경우가 많다. 또한 우리는 신경증 환자들이 자기가 잘못을 저질렀다고 괴로워하는 그 잘못들을 자세히 분석해보면, 그들에게서 그와 비슷한 문제들에 대한 강박적인 공포를 찾아볼 수 있고, 그들은 늘 자기네들이 그런 잘못이나 그와 비슷한 잘못을 저지르면 어떻게 하나 하는 두려움을 가진 것을 찾아볼 수 있다.

어떤 환자는 자기가 사형을 당해야 마땅하다는 생각에 사로잡혔는데, 그런 생각은 그가 어렸을 때 그의 아버지가 자기 아들은 자기의 명예를 훼손시키는 일을 해서는 안 된다고 말을 했던 것에서 비롯된다. 아버지의 말을 들은 다음, 그는 모든 사람들에게 좋은 평가를 받으려고 노심초사했다. 그러나 그가 어느 날 별로 대수롭지도 않은 잘못을 저지르고, 사형제도에 관한 책을 읽은 다음, 그는 자기는 사형을 당해야 한다는 생각에 사로잡히게 되었던 것이다. 그의 병적인 죄의식은 너무 심하게까지 진행되어서, 파리 한 마리를 죽인 것까지 살인죄에 해당되는 것이 아닌가 하고 생각할 정도였다.

나에게 찾아오는 환자 가운데 한 사람은 어떤 커다란 잘못을 저지른 다음부터 그날 낮에 했던 모든 일들을 다시 한번 머릿속에서 점검하는 버릇이 생겼는데, 그것은 또 다시 잘못을 저지르지 않기 위해서였다. 그래서 그녀는 마음에서 올라온 소심한 생각들을 모두 잠재우지 않고서는 잠자리에 들지도 못할 지경이었는데, 어떤 때는 온 밤을 하얗게 새우는 경우도 있었다.

다른 사람들로부터 완전주의를 주입 받았던 어떤 젊은이는 어느 날 다른 사람들에게 비난을 받을 만한 일을 하였다. 그 다음부터 그는 다른 사람들과 관계를 가질 때마다 어리석은 일을 저지르지 않을까 하는 두려움을 가지게 되었다. 그래서 그는 다른 사람들 앞에 있으면 얼굴이 붉어지지나 않을까 하는 적면공포증(erithrophobie)에 시달리게 되었다.

어떤 중년의 신사는 여성들에 대한 공포증을 가지고 있었는데, 그는 젊은 시절 여러 여자들과 성관계를 가졌었다. 그때이래 그는 매력적인 여성들 앞에 있으면, 그의 머릿속에서 외설스러운 생각들이 떠오르면 어떻게 하나 하고 두려워했던 것이다.

환자들을 괴롭히는 강박적인 공포는 자기가 저지른 것이 아니라 다른 사람이 어떤 잘못을 저지른 것을 보고 자기도 그런 잘못을 저지르면 어떻게 하나 하고 병적인 두려움에 사로잡히는 경우도 많다.

어떤 젊은 처녀는 살인 사건에 관한 이야기를 들었다. 그 날 이후 그녀는 자기도 다른 사람을 죽이면 어떻게 하나 하는 두려움에 사로잡히게 되었다. 그러다가 어느 날 그녀는 자기가 자기 어머니를 죽이려고 한다는 생각을 하게까지 되었다.

어떤 여자는 자기가 약국에 가서 비소를 사서 이웃 사람을 독살할지도 모른다는 생각에 사로잡혀 있었다. 그녀는 암으로 죽은 자기가 아는 사람을 그런 방식으로 자기가 죽였을지도 모른다고까지 생각했는데, 그녀에게 그런 강박

적인 두려움이 떠나지 않게 된 것은 그녀가 어느 날 신문
에서 한 가족이 모두 비소를 먹고 죽었다는 기사를 본 다
음부터였다.
 어떤 환자는 우편배달 자동차가 강도를 만나서 모두 털렸
다는 이야기를 들었다. 그때부터 그녀는 우편배달 자동차
를 볼 때마다 자기가 그 자동차를 털면 어떻게 하나 하는
두려움 때문에, 그렇게 하지 않도록 멀리 돌아서 가곤 하
였다.

 외설스러운 생각에 대한 공포는 오히려 그런 생각들을 강박적
으로 더욱더 많이 나도록 부추긴다. 그런 현상은 젊은 시절 의도
적이었든지 아니면 어쩔 수 없이 끌려 들어가서 했든지 간에 성
적인 일에 휘말렸던 사람들이나, 성적인 문제들을 다룬 책을 읽
고 충격을 받았던 사람들에게서 많이 나타난다. 그 사람들은 다
시 그 나쁜 생각들을 하면 어떻게 하나 하고 두려워하는 것이다.
그러나 엄밀하게 생각하면, 그들로 하여금 그런 환상을 하도록
이끌고 가는 것은 그들의 두려움인 것이다. 그래서 그들이 그런
생각이 나는 것을 두려워하면 두려워할수록 그들은 그런 생각들
이 나지 않도록 더욱더 싸워야 하는 것이다. 그러나 그러면 그럴
수록 사람들은 더욱더 그런 생각을 하게 되고, 그런 생각들은 그
의 정신구조에 더 깊숙이 박히게 되어, 나중에는 그가 그런 생각
을 하지 않을 수 없게 된다. 그것은 마치 자전거를 탈 때와 같은
정신기제가 머릿속에 생기는 것이다. 자전거를 타고 가다가 길에
서 어떤 장애물과 마주치면, 사람들은 최선을 다해서 그것을 피
하려고 한다. 그러나 장애물에 걸려 넘어지면 어떻게 하나 하고
두려워하면 두려워할수록 사람들은 더욱더 장애물에 걸려 넘어
지기 쉽다.

정신적으로 건강한 사람이라도 때때로 좋지 않은 생각을 할 수 있다. 그러나 그에게는 병적으로 죄의식을 가지는 성향이 없기 때문에 그 생각들이 이렇게까지 비극적으로 자라지 않는다. 그들은 그 생각들이 머리에 떠올랐을지라도 곧 없애버릴 수 있는 것이다. 그러나 강박신경증 환자들은 병적인 죄의식 때문에 그 생각들에 걸려 넘어지고, 그 생각들이 그를 아주 잘못 되게 하지 않을까 하고 두려워하는 것이다. 그러나 그런 두려움은 오히려 그런 생각을 강화시키고 만다. 그러다가 결국 그는 그런 생각들과 싸우지도 못하게 된다.

어떤 여자 환자는 십자가상을 볼 때마다 외설스러운 생각이 머릿속에서 떠나지 않았다. 그런데 그 생각은 그녀가 젊었을 때 했던 잘못에서 기인된 것이고, 그 기억은 그녀를 끊임없이 따라 다니는 것이다.

건설현장에서 일하는 어떤 젊은 기독교인은 그의 동료들 입에서 나오는 호색적인 말들을 많이 들을 수밖에 없었다. 그가 그 말들을 마음에 담고 있으면 어떻게 하나 하고 두려워하면 두려워할수록 그 생각들은 머릿속에서 떠나지 않았다.

마찬가지로 의심에 대한 두려움은 사람들을 더욱더 의심하게 한다.

어떤 여자 환자는 열 세 살 먹었을 때 어떤 사람이 이 세상에는 하나님이 계시지 않는다고 말하는 것을 들었다. 처음에 그녀는 그 말에 별로 관심을 기울이지 않았다. 그러나 그녀가 견신례를 받은 지 얼마 지나지 않아서 그녀에게는 그녀도 그 말을 했던 사람처럼 신앙을 잃게 될지도 모른다는 두려움이 엄습해왔다. 그러자 곧 그녀에게는 하나님이 정말 계신 것인가 하는 의심이 들었다. 그녀는 마음의 평화를 되찾기 위해서 교회에 더욱 자주 갔다. 그러나 그러면 그럴수록 의심은 더욱더 커져만 갔다.

신성모독적인 생각도 사람들에게 같은 방식으로 나타난다. 신성모독적인 생각은 보통 아주 양심적인 사람들 가운데서 어릴 때 어떤 사람이 신성모독적인 말을 한 것을 듣거나, 어떤 책을 읽고 사람들이 신성모독적인 생각을 할 수도 있구나 하고 생각했던 사람들에게서 나타난다. 그런 사람들이 엄격한 교육을 받은 결과 또는 자기들이 어떤 잘못을 한 다음, 그들은 하나님 앞에서 죄를 지었다는 느낌을 가지게 된다. 그때 그들은 갑자기 어떤 생각 때문에 공황 상태에 빠지게 된다. 즉 그들은 자기네들이 말이나 행동으로 하나님을 저주하거나, 가장 거룩한 것들을 모독하거나, 악마와 협약을 맺을 수도 있다는 생각 때문에 공황에 빠지는 것이다. 하지만 그런 생각들이 그들을 쫓아다녀서 그 생각들과 싸우면 싸울수록, 그 생각들은 더욱더 그들에게 달라붙는다. 그런 신성모독적인 생각들이 나타나는 것은 특별히 성경을 읽을 때나 기도할 때나 성찬식을 할 때 등이다. 왜냐하면 그때 그들에게 그런 생각들이 들면 어떻게 하나 하는 두려움이 가장 크게 나타나기 때문이다.

이 신성모독적인 생각들은 과거에 있었던 어떤 특정한 사건들과 연관되는데, 왜냐하면 그들에게서 떠오르는 말들은 그때 들었던 단어들이기 때문이다. 그 생각들은 아주 집요하게 달라붙는다. 그들이 그것을 아주 중요하게 생각하고, 그 생각들 때문에 끊임없이 죄의식을 느끼기 때문이다.

아주 양심적인 여성은 어느 날 농장에서 불경스럽고 신성모독적인 언사들을 들었다. 그 다음에 그녀는 어느 날 또 신성모독적인 생각들에 관해서 쓴 책을 보게 되었다. 그밖에도 그런 일은 또 이어져서 어느 날 그녀는 어떤 사람이 불경스러운 말을 하는 것을 듣게 되었다. 그녀는 아주 엄격한 교육을 받고 자랐기 때문에 심판자로서의 하나님 밖에 알지 못하였고, 그 하나님이 갑자기 두려워지기 시작하였다. 어느 날 그녀는 자신도 하나님에 대해서 그와 똑같은 말을 할지도 모른다는 공포에 사로잡히게 되었다. 그런 두려움이 커질수록 그녀에게 그런 신성모독적인 생각이 집요하게 달라붙었다.

어느 젊고 신실한 여신도는 성령에 대한 범죄와 신성모독적인 생각들에 관해서 쓴 책을 읽다가 신성모독적인 생각이 엄습해 옴을 느꼈고, 자기가 아주 무서운 자기 아버지에 대해서 좋지 않게 생각했다는 사실에 죄의식이 드는 것을 느꼈다.

어느 날 어떤 전도사는 어떤 부인을 복음집회에 초대해야겠다는 생각이 들었다. 하지만 그 생각대로 되지 않자, 그녀는 자기가 성령을 슬프게 했다는 생각이 들면서 아주 가슴이 아팠다. 그때 이후 그녀에게는 성령을 모독하는 생각들이 떠오르게 되었다.

외설적인 생각들이나 신성모독적인 생각들이 나중에는 강박적인 생각들로 되면서 점점 더 커지듯이, 다른 사람에게 잘못하면 어떻게 하나 하는 두려움은 그들을 괴롭히는 강박적인 충동들로 변하게 된다.

어떤 엄마는 자기 아이에게 해를 끼치게 되는 이유를 알 수 없는 충동을 느꼈다. 그런데 그 여자는 몇 년 전 자기 친척이 죽었으면 좋겠다고 생각했던 적이 있었으며, 그 다음부터 자기 아이에게도 똑같은 소원을 가지면 어떻게 하나 하는 두려움을 가졌던 것이다. 따라서 이 두려움이 그녀에게서 강박적인 충동으로 변환된 것이라고 말할 수 있는 것이다.

환자들은 흔히 자기네들이 두려워하는 것을 하려는 충동을 느끼고 있다는 법칙에 의하면, 그들은 자신들이 비난하는 강박적인 행동을 하려 한다고 말할 수도 있다.

어떤 젊은이는 자기 약혼자에게 편지를 쓰는 여동생 곁에 앉아 있었는데, 그녀가 화내는 모습을 보고 싶지 않아서 눈길을 편지로부터 돌리려고 했다. 그러나 어떤 내면적인 힘이 강하게 작용해서 그 편지로부터 눈길을 돌리지 못했지만 여간 거북한 노릇이 아니었다.

어떤 사람들이 환자에게 불러일으키는 미움의 감정 역시 그와 비슷하게 반대로 나타나는 경우가 많다. 왜냐하면 그가 느끼는 반감은 그가 가장 사랑하는 사람을 대상으로 하는 경우가 많기 때문이다. 그가 어떤 사람에게 집착하고 있으면 집착하고 있을수록 그는 그 사람을 더욱더 미워하게 된다. 그런데 그 미움은 문제가 되는 그 사람이 있지 않는 한 나타나지 않는다. 그래서 그 사람이 멀리 떨어져 있으면 그는 그 사람에 대해서 걱정을 하고 그 사람이 잘 지내는지 어떤지 근심하게 된다. 마음 속 깊이 그런 감정을 지니고 있어서 행복하지 못한 그 환자는 종종 그 사람에게 그의 사랑과 고마워하는 마음을 토로함으로써 해방되려고 한다. 그러다가 그 사람이 죽게 되면, 그는 자기가 그 사람에 대한 감정을 억제하지 못했다는 사실 때문에 말할 수 없이 괴로워한다. 강박적으로 웃음이 터져 나오는 경우에도 똑같은 법칙이 작용한다.

어떤 환자는 다음과 같은 편지를 나에게 보낸 적이 있다 : "다른 사람들이 울고 있을 때, 나에게서는 웃음이 터져 나옵니다. 예를 들어서 말하자면, 어떤 사람이 우리가 아는 모(某) 씨가 죽었다고 말하면, 나는 내 의지와 상관없이 웃어야 하는 것입니다. 이 년 전에 우리 아버지가 돌아가셨을 때도, 나는 눈물 한 방울 흘리지 못했습니다. 그렇기는 커녕 나는 장례식 기간 동안 웃지 않고 심각한 표정을 짓느라고 무진 애를 써야만 했습니다. 그런 일들 때문에 나는 상당히 커다란 고통을 받고 있습니다. 좀 예민한 사람들은 나에게 그런 성향이 있다는 사실을 눈치 채고 있습니다..."

강박적인 공포증을 앓고 있는 많은 사람들은 지난번에 했던 잘못을 다시 저지르면 어떻게 하나 하는 두려움 때문에 고통을 받는다. 그래서 그 사람들은 똑같은 잘못을 되풀이 하지 않으려고 수많은 행동들을 강박적으로 하게 된다.

외설적인 생각들이 떠올라서 고통을 받고 있는 어떤 환자에게는 머리를 흔드는 버릇이 있었다. 그는 그런 행동을 강박적으로 하면서, 외설적인 생각들이 다시 떠오르지 않게 하려는 것이었다.

 어떤 일 중독증 환자는 아침부터 저녁까지 죽어라고 일만 했는데, 그것은 몇 년 전처럼 다른 사람들에게 게으름뱅이라는 비난을 받지 않으려고 해서였다. 그가 그렇게 하는 것은 그런 비난을 피하려는 이유밖에 없었다.

어떤 가정부는 자기가 청소한 방이 깨끗하고, 제대로 정돈되어 있는지 몇 차례나 확인하는 증상을 가지고 있었다. 그녀가 그렇게 강박증적인 행동을 하는 이유는 그녀의 어린 시절까지 거슬러 올라가는데, 그때 그녀의 아버지는 그녀가 가구들이랑 방에 있는 물건들에 있는 먼지를 제대로 털지 않았다고 야단쳤기 때문이다. 그녀는 집주인이 야단치는 것에 대비하려고 그렇게 확인했던 것이다. 그리고 그녀가 젊었을 때 수도꼭지를 잠그는 것을 잊어버려서 부엌 전체가 물에 잠겼던 적이 있었기 때문에 그녀는 저녁이 되면 수도꼭지나 가스레인지의 점화 스위치가 제대로 잠겨졌는지 여러 차례 확인해야만 했다.

자기가 저질렀던 잘못에 대해서 지나치게 신경을 쓰고 있는 어떤 젊은 여자는 자기가 했던 일들이나 행동들을 하나 하나 광적으로 일기에 기록하는 버릇을 가지고 있었는데, 그것은 자기가 아무에게도 잘못하지 않았다는 것을 확인하기 위해서였다.

어떤 환자는 외투를 벗기 전 그 속에 있는 것들을 하나라도 꺼내지 않고 그대로 남겨둘까봐 주머니들을 여러 차례 뒤지곤 하였다. 왜냐하면 그는 그 전에 매우 중요한 것을 주머니에서 꺼내지 않고 남겨둔 적이 있었기 때문이다. 그의 강박적인 행동은 그가 똑같은 잘못을 반복하지 않으려는 의도에서 나온 것이다.

환자의 강박적인 행동이나 생각들은 자신이 저질렀던 잘못을 만회하려는 걱정에서 오는 경우도 많다. 그 행동은 종종 속죄의 수단인 것이다. 그는 자신의 잘못을 속죄하기 위해서 스스로에게 벌을 주는 것이다.

어떤 환자는 자기가 잘못을 저질렀다는 사실을 깨달았다. 그래서 그는 하나님과 이웃들 앞에서 더러워졌다는 느낌을 가지게 되었다. 그래서 그는 손을 자꾸 씻는 의식을 행함으로써 그 잘못으로부터 벗어나려고 하였다.

어떤 어머니는 아이들이 잘 자고 이불은 제대로 덮었는지를 확인하기 위해서 밤중에 여러 차례 일어나곤 했는데, 그것은 그녀가 아이들이 보기에 나쁜 엄마라고 생각되지 않을까 하는 두려움 때문이었다. 그녀가 그런 두려움을 가지게 된 것은 그녀가 사랑하는 사람과 재혼하는데 그 아이들이 방해가 된다는 생각에서 그 아이들이 죽었으면 좋겠다고 생각했던 적이 있었기 때문이다. 그녀는 아이들을 병적으로 그렇게 열심히 보살피는 것을 통하여 그녀가 아이들에게 잘못했던 것을 만회하려고 하였다.

어떤 여자 환자는 어머니가 돌아가신 다음에 소심증 때문에 고통을 받았는데, 그녀는 자신이 어머니를 제대로 보살폈고, 필요한 약을 제대로 드렸는지 매순간 스스로에게 물어보았던 것이다. 그녀는 그렇게 함으로써 어머니가 살아 계실 때 어머니에게 좀더 친절하고 상냥하게 간호하지 못했다고 생각되는 것을 벌주고 있었던 것이다.

신경증 환자들이 수도 없이 고백하거나, 맹세하거나, 강박적으로 기도하는 행위들은 종종 자기가 실제로 저질렀다고 생각하거나 상상 속에서 저질렀다고 생각하는 잘못들을 복구하기 위해서 하는 일종의 제의(rite)이다. 그래서 많은 사람들은 하나님이 그들을 용서해주시도록 수 시간 동안 기도하며, 어떤 때는 밤새도록 기도하는 경우도 있다. 그것은 그들이 하나님 앞에서 충실하지 못하다고 생각하기 때문이다.

어떤 여자 전도사는 부흥집회 기간 중 주님께 헌신하겠다는 결심을 하였다. 그때 사람들은 새롭게 회심을 한 사람들에게 자기 신앙을 고백하라고 하였다. 그러나 그녀는 다른 사람들 앞에서 신앙 고백하는 것이 두려워서 고백을 하지 않겠노라고 하였다. 그때부터 그녀는 그녀가 처음에 거절했던 것을 복구하기 위해서 함부로 자기 신앙에 대해서 말을 하곤 하였다.

강박관념 때문에 고통을 받는 사람들은--마찬가지로 그런 사람들의 가족들은--그의 병이 악마적인 세력 때문에 그런 것이나 아닌가 하는 질문을 던진다. 더구나 신성모독적인 생각들에 사로잡혀 있을 때, 사람들은 자기가 원수에게 사로잡혀 있는 것이나 아닌가 하는 생각 때문에 괴로워하는 것이다. 특히 그런 경우, 신앙이나 신학에 정통하지 못한 사람들은 악마적인 세력이 작용하고 있다는 결론에 도달하기 쉽다. 그러나 그런 문제에 정통한 사람들은 그렇게 생각하는 것에 아무런 의미도 없다는 사실을 잘 알고 있다. 하지만 환자들을 격려해주고 환자들에게 깨달음을 주면서 강박신경증을--특히 신성모독적인 생각들을--치료할 수 있다는 사실은 강박신경증이 악마에게 사로잡힌 것이라는 가설의 존립기반을 흔들어 놓는다. 또한 하나님의 규율에 맞추어 전적으로 합당하게 살았던 진정한 그리스도인들도 때때로 강박관념에 사로잡힐 수 있다는 사실은 강박신경증이 악마의 소행이라는 가설과 양립하기 힘들다. 특히 신성모독적인 생각의 기원에 대해서는 순전히 심리학적인 설명이 가능하게 되었다. 더구나 자꾸 병적으로 불경한 생각을 떠올리는 사람들이 보통 겁이 많고 자기 비난을 잘 하는 성향을 가진 예민한 사람들이라면, 성령을 거슬리는 신성모독적인 사람들은 의지가 아주 완강한 사람들에게서 잘 나타난다. 그런 생각들은 그 자체에 기원을 두고 스스로 나타나는 것이 아니라, 이상하고 고약한 생각이 불쑥 드는 것처럼 느껴지는 것이다.

    강박신경증이 전개되는 모습은 매우 다양하다. 아주 다행스러운 경우 신경증 증상들은 제대로 치료를 하기만 하면, 완전히 사라진다. 그러나 대부분의 경우에 있어서 강박신경증은 끈질기게 달라붙으며, 재발하는 경우가 많다. 강박신경증 환자가 잘못을 저지르면 과거의 강박관념이 다시 나타나고--그 잘못이 아무리 하찮은 것이라고 할지라도--그를 다시 병적인 죄의식으로 몰아넣는 것이다. 강박관념은 모든 나이의 사람들에게 나타날 수 있다. 그러나 강박관념은 특히 젊은 나이나 중년을 넘긴 나이의 사람들에게서 주로 나타난다. 그런데 사람들이 흔히 생각하는 것처럼 강박관념이 심해져서 정신병으로 진행되는 경우는 없다.

사람들은 흔히 강박신경증을 치료하기 위해서 정신치료적인 방법을 택한다. 그러나 강박신경증에는 그 문제가 끈질기게 계속되기 때문에 치료를 위한 시간이 많이 걸리고 치료도 쉽지 않은 것이 보통이다. 따라서 강박신경증처럼 의사들에게 그렇게 고된 시련과 인내심은 물론 감수성을 요구하는 질병도 많지 않다. 강박신경증 환자들을 사로잡고 있는 뒤얽혀 있는 생각의 가닥을 제대로 잡으려면 그의 심리상태를 깊이 파헤치지 않으면 안 되는 것이다. 우리가 앞에서 살펴보았던 수많은 증례들은 그 요점만 밝힌 것들이다. 신경증의 원인을 찾고, 그 진행 상황을 살펴보려면 아주 많은 시간이 필요하다.

신경증을 치료하려면 우선 환자에게 유전적인 요소가 작용하고 있는지 살펴보아야 하고, 그 다음 그가 어떤 교육적 환경 속에서 자라났는지 고찰한 다음, 어린 시절부터 그에게 어떤 일들이 일어났었는지 살펴보아야 한다. 그렇게 함으로써 사람들은 그의 강박관념이 어디에서부터 유래되었는지 밝혀낼 수 있게 된다. 왜냐하면 강박관념의 원인은 여간해서는 파악되지 않기 때문이다. 사람들은 그가 지금 어떤 강박관념으로 고통 받고 있을 때, 그 고통의 본성을 알아내거나 단순히 그 강박관념의 병적인 특성만 알아도 고통이 상당히 완화되고, 그 상태를 개선시킬 수 있게 된다. 사람들이 그가 지금 괴로워하는 강박관념이나 충동들이 과도한 죄의식 때문에 생긴 것이라는 사실을 깨닫고, 그 결과 그의 강박증이 아무 근거도 없이 생긴 것이 아니라는 사실을 깨달을 때, 그는 그 강박증을 더 이상 심각한 것으로 여기지 않고, 그것들에서 좀더 거리를 두고 대면할 수 있게 되기 때문이다. 그러한 깨달음은 그에게 그를 괴롭히던 강박증과 좀더 쉽게 싸우게 하고, 그를 이제 더 이상 나락으로 떨어지지 않게 해주는 것이다. 그것은 많이 짖어대는 개 옆을 눈썹 하나 까딱하지 않고 지나갈

수 있는 것처럼, 강박관념도 이제 그 점착성(粘着性)을 잃어버려
서 사람들이 관심을 별로 기울이지 않아도 되는 것이다. 그러나
그가 강박관념 앞에서 멈칫하면, 강박관념들은 그에게 달려들게
된다. 마치 사람들이 개를 무서워하고 개에게 방어적인 태도를
취할 때, 개가 그들에게 더 위협적으로 되는 것과 같은 것이다.

　의사들은 환자들에게 강박신경증은 치료할 수 없는 병도 아니
고, 강박신경증이 정신병으로 전이되는 경우도 전혀 없다고 설명
함으로써 그들을 안심시킬 수 있다. 또한 그들은 환자들이 금지
되어 있고 비난받을 만한 행동을 하면 어떻게 하나 하는 내면적
인 두려움이 아무리 클지라도 그것이 행동으로 나아가는 법은
결코 있을 수 없으며, 그런 의구심은 전혀 근거가 없는 것이라는
사실을 강조함으로써 상당한 도움을 줄 수도 있다. 강박신경증은
아무리 심하다고 할지라도 결코 정신병원에 입원해야 하는 병은
아닌 것이다. 그런데 강박신경증 환자들은 종종 그들의 증상이
심할 때 그런 두려움을 가지고 있다.

　의사들의 가장 커다란 의무 중 하나가 환자들에게 자신감을
심어주고, 그들이 자신의 의지를 신뢰하게 하는 것이다. 환자들은
자신의 강박관념과 반대되는 입장을 엄격하게 취할 수 있어야
한다. 그들은 그들에게 떠오르는 강박관념의 뒤로 물러서서 그
생각들을 웃을 수 있어야 하는 것이다. 그들이 강박관념 때문에
고통을 받고 그것들에 짓눌리는 한, 그들은 거기에서 빠져나올
수 없다. 그러나 그들이 그 생각들에 질 이유가 없고 그 병적인
생각들을 중요시 할 이유가 없다고 스스로에게 말할 때, 그들은
이제 강박관념에서 벗어날 수 있게 된다.

　그런데 우리는 의지적인 노력을 통해서 강박관념에서 벗어나
는 것은 아주 운이 좋은 경우 밖에 없다는 사실에 유의해야 한
다. 왜냐하면 강박관념이 심해지면, 모든 사람들은 강박관념에서

벗어나려는 의도조차 가지지 못하고 말기 때문이다. 대부분의 경우에 있어서 강박관념을 없애려는 강박적인 싸움은 기존에 있던 강박관념을 새로운 강박관념이나 새로운 두려움을 자아내고 만다. 더구나 강박신경증 환자들이 그들의 강박관념을 억압하려고 하면 할수록 그들에게서 불안과 동요는 더욱더 심해진다. 그들이 나아지려면, 그들은 그들의 강박관념에서 멀리 떨어져 있어야 한다. 사람들에게 강박관념이 점점 더 심해지고, 환자들에게 아무 일도 하지 못하게 한다면 그들은 강박관념과 더 이상 싸우지 말아야 한다. 그들이 강박관념에 지고 말아 강박관념이 시키는 대로 하게 되면 환자의 내면에서 절망감은 더욱더 커질 수밖에 없게 된다.

  강박신경증으로 고통 받는 신앙인들에게 사람들은 그의 머리에서 떠나지 않는 신성모독적이고 외설적인 생각들은 병리적인 것이기 때문에 걱정할 필요가 없다고 말할 수 있다. 그의 상담자는 그 생각들은 병적인 상상력에서 나온 것이고, 그의 의사와 상관없이 나오는 것으로서 그의 마음이 고약해서 나온 것이 아니기 때문에, 그 생각들에 책임질 필요가 전혀 없고, 하나님은 그의 고통을 잘 알고 계시다고 설명할 것이다. 더구나 환자에게 어떤 잘못이 있을지라도 그는 스스로를 구속(救贖)하려고 할 것이 아니라 예수 그리스도를 기다려야 한다. 예수 그리스도의 구속적 희생이 이 세상에 있는 모든 것들이 올바른 길을 가게 했기 때문이다. 우리는 그 환자들에게 율법주의적인 기독교인들과 달리 해방의 메시지, 복음서가 말하는 "복된 소식"을 선포해야 한다. 대부분의 경우에 있어서 매일 매일 성경 말씀을 묵상하고, 열심히 기도하는 것은 강박신경증 환자들이 강박관념을 떨쳐버리는 데 도움을 준다. 성경에 있는 위로의 말씀들은 특히 불안해하는 마음이나 자기가 저지른 잘못에 짓눌려 있는 사람들을 강하게 하는 것이다.
　강박신경증 환자들은 그들을 이해할 수 있으리라고 생각되는 사람들의 말을 신뢰해야 한다. 또한 그 사람들은 환자들이 그들에게 마음을 열어놓을 수 있도록 용기를 북돋아 주어야 한다. 왜냐하면 환자들은 마음이 위축되어 있고, 가까운 사람들까지 본능적으로 믿지 못하여 여간해서는 다른 사람들에게 마음을 열어놓지 못하기 때문이다. 환자들 주위에 그들을 안심시킬 줄 알고 외로움에서 벗어나게 해줄 수 있는 쾌활한 사람들이 많이 있으면 그들은 쉽사리 강박관념에서 벗어날 수 있다.
　그가 어떤 사람을 사랑하거나, 그를 사로잡고 있는 강박관념이 아무 근거도 없는 것이라는 권위 있는 말에 완전히 승복하여 그의 강박관념을 거부할 수 있다면 아주 도움이 될 것이다. 모든 종류의 기분 전환책들도 그에게 좋은 효과를 가져 올 수 있다. 예를 들어서 말하자면, 좋은 책을 읽는다든지, 정원 일을 한다든지, 운동을 한다든지 하는 등으로 너무 단조롭지 않은 여러 가지 다양한 신체적 또는 정신적 활동들은 그를 괴롭히는 병적인 생각들을 뒤로 내쫓을 것이다. 또한 목욕을 하거나 샤워를 하거나 체조를 하거나 호흡훈련을 하는 등 우리 몸을 고르게 하는 것들도 기분전환에 아주 좋은 방법들이다.
　그와 반면에 강박관념을 강화시키는 것들은 멀리해야 한다. 어떤 경우 직업적인 환경이나 가정적인 환경에서 멀리 떠나는 것은 강박관념에서 벗어나는 좋은 출발점이 된다. 특히 그의 강박관념이 어떤 특정한 지정학적인 상황과 연관되어 있을 경우 효과는 더욱 크다. 그러나 휴양지에서 오래 머무는 것은 별로 좋지 않다. 그들은 때때로 휴양지에서 그의 강박관념과 관계되는 생각들을 떠올릴 수 있기 때문이다. 그러므로 무위도식하는 것과 강박관념의 강화 사이에는 밀접한 관계가 있다는 사실을 알아야 한다. 따라서 강박신경증에 걸렸다고 해서 환자들이 직장을 그만두는 것은 매우 좋지 않다. 왜냐하면 그가 일을 할 수 있다는 사실은 그가 강박관념에만 매달리지 않게 해주기 때문이다. 따라서 그 일이 너무 고단하지 않고, 그의 강박관념이 그에게 주의력을 빼앗아 가지 않는 한 일은 계속해야 한다.

이와 같은 처방들이 올바르게 취해진다면, 강박신경증을 완전히 물리치지 못한다고 할지라도 상당히 막을 수는 있을 것이다.

지각장애: 가벼운 망상

지각장애도 광범위하게 퍼져 있는 신경증 가운데 하나인데, 지각장애에 걸려 있지만 그 사실을 의식하지 못하는 환자들은 불안해하기 쉽다. 우리는 때때로 어떤 사람이 자기 주위에서 실제로 일어난 사건들을 잘못 추론하여 모든 것을 자기 잘못으로 돌리는 사람들의 이야기를 듣곤 한다. 그런 사람들은 모든 잘못을 자기에게 돌리려고 한다. 그 일이 아무리 사소하다고 할지라도 그들은 자기 주위에서 일어나는 모든 일들을 자기와 관계시키려고 하는 것이다. 그래서 그런 사람들은 자기 가정에서 어떤 사고가 생기거나, 어떤 사람이 병에 걸리면 그 모든 책임이 자기에게 있다고 믿는다. 어떤 경우 그런 사람들은 두 사람이 이야기하는 장면을 지나칠 때 그들이 지금 자기에 대해서 이야기한다고 생각하기도 한다.

그런 사람들은 회사에서도 자기가 다른 사람들의 언급의 표적이 되거나 주목의 대상이 된다고 생각해서 어떤 사람이 우스개 소리를 하여 다른 사람들이 모두 웃는다면, 지금 자기가 웃음거리가 되고 있다고 생각하는 경우도 있다. 그래서 다른 사람들이 그에게 별로 중요하지도 않은 질문이라도 한다면, 그것은 그들이 자기를 조롱하려고 그러는 것이라고 생각하기도 한다. 또 다른 경우, 그런 사람들은 다른 사람들이 그에게 흥미를 보였다고 생각해서 그 사람이 자기를 좋아하는 줄 알고 그에게 사랑을 암시하는 행동을 하기도 하는데, 대부분의 경우에 그것은 커다란 착각이다.

또한 그런 사람들은 별로 중요하지도 않은 사건들에 관심을 기울이고, 그것들로부터 근거도 없는 결론을 내리는 경우도 많다. 그들은 다른 사람들이 지금 그들이 하는 모든 일에 대해서 이야기하고 있으며, 그들이 일을 거꾸로 하지 않았나 하고 확인하는 중이라고 확신하는 것이다. 그들이 무슨 말은 하거나 무슨 행동을 하거나 그들은 다른 사람들이 그것들에 대해서 제대로 생각할 수 있는지, 또한 그들이 주위 사람들에게 어떤 인상을 주고 있는지에 대해서 끊임없이 염려한다. 더구나 그들이 지금 다른 사람들의 관심의 표적이 되거나 어떤 일에 대해서 다른 사람들이 그에게 책임을 돌리는 상황이 도래하면, 그들의 해석은 더욱 더 심각해진다. 어떤 사람이 그가 저지른 잘못에 대해서 지적이라도 하게 되면, 그는 그가 만나는 모든 사람들이 그의 얼굴에 죄가 씌어있다고 생각할 것이라고 상상한다. 그러나 어떤 사람이 그를 칭찬하는 말을 하면, 그는 곧 그 사람이 하는 찬사는 진정한 것이 아니라고 생각한다. 왜냐하면 그에게는 칭찬할 만한 것이 아무 것도 없다고 생각하기 때문이다.

우리는 이런 사람들이 가지고 있는 지각장애 때문에 다른 사람들과 만날 때 불편함과 불안감을 느낄 것이라고 쉽사리 짐작할 수 있다. 그들은 주위에 있는 사람들이 말하는 것에 너무 의존되어 있으며, 다른 사람들의 주의를 끌지 않으려고 두드러져 보이는 행동을 전혀 하지 못하는 것이다. 그들은 다른 사람들 앞에서, 특히 그보다 상당히 높은 위치에 있는 사람 앞에서 얼굴이 붉어지기도 한다. 그런 사람들은 그들의 상급자가 가까이 있으면, 말하거나 글씨를 쓰는데 어려움을 느낀다. 길거리에서도 그런 사람들은 누군가가 자기를 보고 있다고 느끼면, 갑자기 발걸음이 멈칫해지고 제대로 걷지 못하기도 한다. 그런 사람들은 이 모든 것으로부터 벗어나기 위하여 점점 더 자기에게로 위축되고, 고독한 실존을 꾸려가려고 한다. 그는 아무 기쁨도 느끼지 못하면서 끊임없이 병적인 환상 속으로 추락해 들어가는 것이다. 우리가 이런 지각장애의 원인을 찾아본다면, 우리는 먼저 그들에게 열등감을 형성케 하는 소질(素質)이 있음을 들 수 있다. 어릴 때부터 자기가 자기 주위에 있는 사람들보다 열등하다고 믿는 사람들만 이런 신경증에 걸리는 것이다. 열등감을 가지고 있지 않은 사람들은 자기 주위에 있는 사람들이 자기를 쳐다보고 있다는 상상조차 하지 않는 것이다.

　지각장애의 또 다른 요인으로는 어린 시절에 있었던 엄격한 교육도 들 수 있다. 그때 그의 주변에 있던 사람들은 그들의 약점을 지적하거나 끊임없이 그들을 그들보다 나은 아이들과 비교하면서 자신감을 여지없이 짓밟았던 것이다. 부모님들이 어릴 때부터 "다른 사람들이 너를 보고 어떻게 말하겠니?"라고 하면서 그가 했던 행동들 하나 하나를 들추어낸다면, 그들은 다른 사람들에 대해서 열등감을 느끼지 않을 수 없게 되는 것이다.

　그러나 그들에게 이런 신경증을 촉발시키는 결정적인 요인은 최근에 그들이 보기에 그들이 완전히 땅에 떨어졌다고 생각되는 고통스러운 체험이나, 다른 사람들이 보기에 형편없는 짓을 했다고 생각되는 괴로운 체험들을 겪은 것이다. 그들이 평판이 깎이는 어떤 일을 했다든지, 다른 사람들에게 조롱을 받았다든지, 어떤 실수를 했다든지, 경범죄를 저질렀다든지, 다른 사람들에게 비난을 받았다든지, 징계처분을 받았다든지 한 다음에 이런 신경증이 생기는 것이다. 그렇지 않으면 오랫동안 병을 앓았거나, 절름발이나 척추만곡이나 기형 등 신체장애가 있을 때도 지각장애가 생길 수 있다. 그러므로 이와 비슷한 일들을 겪은 다음 어떤 사람이 자기 자신이나 자기 능력에 대해서 실망하고, 다른 사람들이 자기를 형편없이 생각할 것이라고 느끼는 것은 이상한 일이 아니다.

지각장애는 왜곡된 양심 상태에 있는 사람들에게서도 종종 나타난다. 그런 사람들은 어떤 잘못을 저질렀을 경우, 다른 사람들이 그가 한 행동을 보고 매우 놀랐을 것이라고 두려워하며, 그의 얼굴에는 그들이 느끼는 죄의식이 다 나타날 정도가 된다. 하지만 그들이 그런 생각에 빠지게 되면 빠지게 될수록, 그 생각은 그에게 닻을 내리게 된다. 그래서 다른 사람들은 그의 얼굴만 보고도 그가 어떤 잘못을 저질렀다는 사실을 알아차리게 된다. 그 결과 다른 사람들은 그에게서 어떤 이상한 것을 느끼고 그가 어디에 가고 무엇을 하는지 지켜보게 된다. 이렇게 되면서 그 사람에게 지각장애가 생기게 된다. 지각장애 환자에게 이러한 지각장애가 아주 미미한 정도로 있거나 상상 속에서만 존재할지라도, 그들은 다른 사람들이 그가 저지른 잘못을 매우 잘 알고 있으며, 그 잘못이 다른 사람들을 불편하게 했고, 그를 비난할 것이라고 생각한다. 그런 사람들에게 다른 사람들이 알지 못했으면 좋겠다고 생각되는 행동이나 생각이 떠오르면 그들은 곧잘 지각장애에 걸리게 된다. 예를 들어서 말하자면, 어떤 사람이 수음을 했을 경우, 그는 곧 다른 사람들이 그의 얼굴을 보고 그가 수음을 했다는 사실을 알아차리면 어떻게 하나 하고 걱정하는 것이다. 나에게 찾아왔던 지각장애 환자들의 경우를 더 들어보면 다음과 같다.

어린 시절 부모님으로부터 야단을 많이 맞고 자란 어떤 소녀는 그녀가 새 옷을 입고 친구네 집을 가거나, 수수한 옷을 입고 갈지라도 그 옷들이 너무 눈에 두드러져서 다른 사람들이 자기를 처다보지 않는가 하고 두려워하곤 하였다.

눈 주위가 유난히 거무스름했던 어떤 젊은 청년은 다른 사람들이 자기를 난봉꾼으로 보지나 않을까 하고 생각하곤 하였다.

자기 자신에 대해서 별로 자신이 없었던 어떤 처녀에게 젊은 남자가 점잖게 접근해왔는데, 그녀는 자기 눈이 너무 관능적이라고 싫어하였다. 그러나 그 남자는 그녀의 그런 눈 때문에 그녀를 사랑하였다.

그의 상급자에게 언제나 불평만 털어놓는 어떤 피고용자는 그가 그렇게 하는 것은 그의 상급자가 언제나 무뚝뚝한 표정을 짓고 얼굴도 찡그리고 있어서 그런 것이라고 주장하였다.

어떤 여자는 다른 사람들이 그녀에게 누가 병이 걸렸다거나 사고를 당했다는 말을 할 때마다 사람들이 그것이 자기 때문이라고 하지 않을까 하고 두려워하였다. 그런데 그녀가 그런 말을 들을 때마다 얼굴이 붉어지는 것 때문에 다른 사람들이 그녀를 의심하지 않을까 하고 더욱더 두려워하는 것이었다.

환자들은 어떻게 해서 그들에게 그런 지각장애가 생기게 되었는지 전혀 알지 못한다. 그것은 마치 신경증 환자들에게 신경증적인 생각이 드는 것과 같은 것이었다.

어떤 하녀는 그 집주인이 집에서 어떤 물건을 한참 찾아도 잘 찾지 못할 때마다 자기를 도둑으로 의심하지 않을까 하고 두려워하였다. 그러다가 어느 날 방을 청소하다가 장롱 밑에 돈이 떨어져 있기라도 한다면, 그것은 자기가 얼마나 정직한지 시험하려고 주인이 일부러 돈을 거기 놓은 것이라고 믿곤 하였다. 또한 그녀가 물건들을 사면서 값을 깎기라도 한다면 그녀는 집주인이 그녀가 그 차액을 돌려줄 것인지 돌려주지 않을 것인지 확인할 것이라는 생각을 떨쳐버리지 못한다. 그런 생각이 도대체 어디서 온 것일까 하는 것을 설명하려고 스스로에게 질문하면서, 그녀는 옛날에 어떤 사람이 그녀가 돈을 훔쳤다고 혐의를 둔 적이 있었다는 사실을 생각해내었다.

어떤 종업원은 그의 동료들이 웃을 때마다 그것은 자기를 비웃는 것이라는 말도 되지 않는 생각을 하곤 하였다. 그런데 그가 어렸을 때 어떤 일을 거꾸로 할 때마다 그의 아버지가 그에게 다른 사람들이 그를 비웃을 것이라는 말을 한 적이 있다는 사실을 알게 되었다.

이런 지각장애는 종종 강박증과 결부된다.

어느 날 열등감에 시달리고 있던 여자 선생님에게 어떤 학생이 몸을 잘 씻지 않는 사람들에게서는 냄새가 난다고 말한 적이 있다. 그 날 이후 그 선생님은 자기에게서도 냄새가 나지 않는가 하는 두려움을 가지게 되었다. 그래서 그 선생님의 지각장애는 그녀를 세척강박증에 걸리게 할 정도로까지 되었다.

어떤 소녀는 그녀의 친구가 다른 아이들에게 그녀에 대해서 나쁘게 이야기 할 것이라고 생각하였다. 왜냐하면 그녀가 그 친구에게 잘못한 것이 있기 때문이었다. 그 결과 그 소녀에게서는 자기가 잘못한 것들을 그 친구에게 하나 하나 고백하지 않으면 안 되는 강박증을 야기하게 되었다.

기독교인들에게서 이런 종류의 지각장애는 아주 특별한 방식으로 나타난다. 그들의 열등감은 그들로 하여금 교회에 있을 때 다른 사람들이 그들의 일거수일투족을 관찰하고 있다는 생각을 불러일으키는 것이다. 그래서 그들은 교회에서 맨 뒷자리에 앉으며, 찬송가를 부를 때도 제대로 따라하지 못한다. 그들은 노래를 잘 부르지 못한다고 생각하기 때문이다. 하지만 그런 생각은 다른 사람들로 하여금 그들을 더욱더 이상하게 생각하도록 만든다. 설교 시간에도 그들은 목사님이 지금 설교하는 것은 그들에 대해서 이야기 하는 것이며, 그들이 지은 죄를 넌지시 암시하는 것이라고 생각하곤 한다. 그들은 성찬식에도 제대로 참여하지 못한다. 왜냐하면 그들이 성찬식에 참여하다가 무슨 실수하지나 않을까 하고 두려워하거나, 그들이 별로 경건하지도 않은데 다른 사람들이 보기에 너무 경건하게 보이지 않을까 하는 두려움 때문이다. 또한 그들이 몇몇 사람들과 기도하는 모임에 참석해야만 할 때도 그들은 다른 사람들이 그들이 말한 모든 것들을 특별한 방식으로 해석하지 않을까 하는 두려움을 느끼곤 한다. 어떤 경우 그들은 성경책을 읽을 때 하나님이 벌을 내리거나 심판을 내리는 구절에 눈길을 멈추고 처벌받거나 심판받는 대상이 그들 자신이 아닌가 하는 상상을 하기도 한다. 그들은 다른 사람들이 별로 중요지도 않은 질문을 할지라도, 즉시 다른 사람들이 그들의 영적인 상태에 관해서 살펴보는 것임에 틀림이 없다고 생각하기도 한다.

이렇게 고통을 받고 있으며, 그와 비슷한 사람들보다 열등한 상태에 있다고 생각하는 사람들은 하나님 앞에 나아갈 때도 하나님을 완전히 신뢰하는 태도로 다가가지 못한다. 그들은 하나님을 거룩하지만 엄격한 심판자로밖에 보지 못하기 때문이다. 자연히 그들은 하나님의 강한 팔 아래 복종하기만 해야 한다고 생각하며, 그들이 너무 불완전해서 하나님의 뜻을 따라서 살지 못한다고 안절부절못하기 쉽다. 그래서 그들은 하나님이 그들에게 바라고 있다고 생각되는 일들이나 하나님에게 잘 보이려는 일들만 하려고 한다. 그러다가 결국 그들은 하나님이 그들을 처벌할 수밖에 없다는 결론을 내리고 하나님으로부터 등을 돌리곤 한다. 왜냐하면 그들이 신앙을 철저히 지키지 못했고 언제나 과거의 죄로 돌아갔다고 생각하기 때문이다.

사람들은 본성적으로 가능하기만 하면 그들을 괴롭히는 열등감을 감추려고 한다. 자신의 약점을 가능한 한 숨기려는 이러한 성향은 스스로를 가치 있게 만들려는 욕구와 종종 결합되어 있으며, 그 욕구는 종종 그의 주위에서 벌어지는 사태를 망상적으로 해석하려는 성향을 자극한다. 지각장애를 일으키게 하는 것이다. 그런 사람들은 내면에서 끊임없이 비밀스러운 희망을 키워간다. 그의 망상이 실현되는 날 다른 사람들이 그를 한없이 찬양할 것이라고 믿기 때문이다. 그는 언제나 다른 사람들로부터 찬사를 받으려고 한다. 그렇기 때문에 그가 언제나 다른 사람들이 그를 주목하고 있다고 생각하는 것도 놀라운 일은 아니다. 그가 모든 관심을 자기에게만 기울이고 있기 때문에 그는 세상 모든 일이 그의 주위를 중심으로 해서 돌아가며, 다른 사람들은 그가 어떻게 새로운 일들을 성취하는지 주시할 것이라고 생각한다. 이러한 지각장애는 정도의 차이는 있지만 그의 일생 동안 따라다니는 증상이다. 그의 타고난 성향으로서 그런 증상은 이미 유년시절에 종종 나타나고, 부모님들의 교육 환경이 좋지 않았을 경우 더욱 더 심화된다. 물론 그런 성향을 타고 났을지라도 삶의 매우 늦은 시기에 나타나는 경우도 있다. 그리고 그것이 잠시 동안 정신에 혼란을 초래한다고 할지라도 전혀 위험하지 않을 수도 있다. 여기에서 중요한 것은 지각장애와 편집증적인 망상를 정확하게 구별하는 것이다. 왜냐하면 단순한 지각장애의 경우 그 사람은 그의 생각이 잘못 되어 있다는 사실을 명확하게 의식하고 사태의 본상(本像)에 접근할 수 있기 때문이다. 그래서 다른 사람들은 그에게 쉽사리 그의 생각이 아무 근거도 없는 것이라고 설득할 수 있게 된다. 그는 지금 가벼운 신경증 상태에 빠져 있는 것이다.

    그러면 어떻게 이 신경증에서 벗어날 수 있을 것인가? 그러기 위해서는 먼저 그가 가지게 되는 망상의 기원과 그 망상의 병리적 특성을 객관적으로 밝혀내야 한다. 그가 그런 망상을 가져야 하는 근거가 하나도 없다는 사실을 알게 된다면, 그는 그 망상으로부터 곧 빠져나올 수 있게 되고 내면의 평안을 곧 되찾게 될 것이다. 그 다음에 그는 끊임없이 자기 자신에게 용기를 북돋우면서 열등감으로부터 벗어나야 한다.

    그가 자신감을 되찾는 정도에 따라서 그에게서 지각장애는 사라지게 된다. 대부분의 경우에 있어서 그에게 도움이 되는 것은 그가 스스로를 만족시킬 수 있는 일들을 하고, 그의 주위에 있는 사람들로부터 잘 했다는 칭찬을 듣게 되는 것이다. 또한 그가 자신의 미래에 대해서 좀더 관심을 기울이고, 그의 기쁨이나 고통을 다른 사람들과 함께 나누며, 그 일들이 가능한 범위 내에서 그에게 도움이 되는 일이어야 한다는 사실도 강조되어야 한다. 그가 다른 사람들이 그에 대해서 뭐라고 말을 할까 하는 근심으로부터 가장 빨리 해방될 수 있는 길은 바로 그렇게 하는 것이다.

자기 주위에 있는 사람들을 사랑하는 사람은 다른 사람들이 자기를 염탐한다고는 생각하지 않는다. 이 점에서 우리는 영적인 조언자가 가벼운 망상을 가진 사람들에게 매우 가치가 있는 과업을 할 수 있는 여지를 발견할 수 있다. 그는 그 사람에게 하나님은 결코 벌주시는 하나님이 아니라는 사실을 깨우쳐 줄 수 있으며, 아버지로서의 하나님의 사랑에 대한 믿음을 일깨워주고, 하나님은 그를 양자로 삼아주셨다는 사실을 깨닫게 할 수 있는 것이다. 그가 하나님 앞에서는 모든 사람들이 동등하고, 그 역시 어느 누구 못지않게 중요한 존재라는 사실을 깨닫게 될 때, 그는 이제 더 이상 그를 다른 사람들과 비교하려고 하지도 않고, 다른 사람들에게 부끄러움을 느끼지도 않을 것이다.

그가 그의 시선을 자신의 연약한 부분들로부터 돌려서 전능하신 하나님에게 고정시킬 때, 그는 점점 더 그의 삶에 대한 불안전감으로부터 벗어나고 다른 사람들을 두려워하지도 않게 될 것이다. 마찬가지로 그가 이 세상에서 가장 중요한 것은 그의 주위에 있는 사람들이 그에 대해서 어떻게 생각할까 하는 것이 아니라 하나님이 그를 어떻게 생각할까 하는 점이라는 사실을 깨닫게 될 때, 그는 이제 더 이상 다른 사람들의 평가에 신경을 쓰지도 않고 그들 앞에서 올바르게 행동할 수 있게 될 것이다.

필수불가결한 조건은 그가 이제 올바른 의식을 가지게 되는 것이다. 그러기 위해서 그는 이제 더 이상 그의 양심이 그 자신을 처벌하지 않도록 정신 차려야 한다. 또한 그는 이제 좋지 않은 일들이 벌어지는 곳에는 되도록이면 가지 않는 것이 좋다. 왜냐하면 자기 자신을 비난하지 않는 사람들은 가벼운 망상에 빠지지도 않을 것이기 때문이다.

건강염려증

건강염려증은 신경증 가운데서 가장 흔히 발견할 수 있는 신경증 가운데 하나이다. 그래서 우리들은 어느 곳에서나 그 진행 정도는 서로 다르지만 건강염려증을 앓는 사람들을 만나볼 수 있다. 그 이유는 인간의 본성 속에 건강염려증에 걸릴 만할 소질이 아주 뿌리 깊게 박혀 있기 때문이다. 그리스어에서 파생한 건강염려증(l'hypocondrie)라는 말은 주로 늑골의 아래 부분에 있는 기관들인 위나 간이나 비장과 관계되는 질병을 가리키는데, 어떤 의미에서 이런 생각은 아주 잘못된 것이다. 왜냐하면 건강염려증이란 심리적인 문제 때문에 생긴 질병으로서 내장 기관의 작용과는 아무 관련이 없기 때문이다.

건강염려증은 본래 병적인 소질이 있는 사람이 자기 자신에 대해서 지나친 관심을 가지고 들여다보는 이기적인 태도 때문에 생긴다. 그는 병이 나면 어떻게 하나 하고 몹시 두려워하고 그런 기관들이 조금이라도 이상하게 느껴지면 병이 걸렸다고 상상하거나 너무 집착하기 때문에 생기는 것이다. 이러한 신경증적인 문제들이나 그 비슷한 것들은 보통 그의 부모님들이나 형제자매들에게서도 발견된다. 그러므로 매우 심각한 경우 건강염려증에는 유전적인 소질과 관계되는 것이라고 추정할 수 있다.

다른 신경증들과 마찬가지로 좋지 않은 교육환경은 건강염려증의 출현에 결정적인 역할을 한다. 건강염려증에 관한 소질을 타고 난 아이가 애지중지하는 환경 속에서 자라고, 부모님들이 아이가 조금 아프다고만 할지라도 거기에 예민하게 반응하며, 그 아이에게 자기 건강에 관해서 계속해서 신경을 쓰도록 한다면, 그 아이는 조만간 건강염려증적인 증상을 보이게 될 것이다. 그는 어린 시절부터 자기 몸에 나타나는 작은 이상들에 비상한 관심을 기울이고 그것을 가지고 다른 사람들에게 불평을 늘어놓는 버릇을 가지게 될 것이다. 또한 건강염려증을 유발하는 또 다른 좋은 토양은 그 사람에게 어떤 신체적인 결함이 있거나 기능적인 문제가 있을 때이다. 자기중심적인 성향이 있는 사람이 어떤 지병 때문에 몇 년 동안 몸조심을 해야만 했을 때 그는 쉽사리 자기 자신을 유심히 살펴보는 버릇을 가지게 되고 그것은 건강염려증으로 이어지기 십상인 것이다.

건강염려증적인 증상은 성적인 영역에서 특히 잘 일어날 수 있다. 왜냐하면 어떤 사람이 젊었을 때 수음을 했을 경우 나중에 수음의 결과에 대해서 부풀려서 쓴 책을 본 다음 심하게 불안해할 수 있기 때문이다. 또한 중학생들이나 의과대학생들에게서도 건강염려증은 종종 나타나는데, 그것은 그들이 수업시간이나 임상실습을 한 다음 그들을 엄습할 수 있다. 갱년기 역시 건강염려증에 취약한 연령인데, 그에게 어떤 기능적인 문제들이 몇 군데 있을 경우 사람들은 쉽게 건강염려증에 빠져든다. 사고가 난 다음에도 어떤 사람들은 건강염려증에 빠져든다. 왜냐하면 그는 그 다음에 몸이 조금만 이상해도 그것을 사고의 탓으로 돌리고 이제 고치지 못할 병에 걸렸다고 생각하는 것이다. 허풍이 심한 사람인 경우 그는 무지 때문이나 일부러 그의 건강염려증적 증상을 가지고 아주 고약한 병에 걸렸으며 나을 가망이 없다고 고민하기도 한다. 의사가 아무 의미 없이 내뱉은 말이나 좀 주의해야겠다는 말 역시 건강염려증적인 소질을 가진 사람들에게 건강염려증을 불러일으키고 상태가 심각해지는 경우도 많이 있다.

그런 사람들에게는 대중들을 위해서 쓴 의학사전들도 위험하다. 왜냐하면 그들은 그것을 들춰보고 그들의 건강상태를 단정하기 때문이다. 그런 서적들은 대부분의 경우 사람들에게 좋은 지식을 제공한다. 그러나 건강염려증이 있는 사람들은 그 책들에서 그들의 병을 찾아내고, 불안을 증폭시키는 것이다. 새로운 치료법을 소개하는 조그만 책자나 안내서 또는 특별한 치료법을 다루는 강연회도 그런 사람들에게는 좋지 않은 영향을 끼칠 수 있다. 건강염려증적인 사람들은 그들이 접하는 그 어떤 것들에서도 커다란 영향을 받고 신경증을 유발하기 때문이다.

그렇다면 건강염려증의 증상은 어디에서 오는 것인가? 이 점을 생각할 때 건강염려증 환자들이 자신의 고통을 과장되게 표현하고, 그것을 표현할 때 아주 강렬한 이미지를 가지고 나타낸다는 사실은 의미심장한 일이다. 여기에서 우리는 건강염려증의 여러 가지 증상들이 기질적인 문제들과 커다란 관계가 없다는 사실을 알게 된다. 예를 들어서 말하자면, 건강염려증 환자가 두통이 있는 듯하다면, 그는 뇌 속에 이상한 벌레가 있는 듯하다거나 머리 속에 고름이 들어있는 듯하다고 느끼는 것이다. 또한 그들이 심장이 쿵쾅거리는 듯한 느낌을 가지면, 그들은 곧 심장이 터질 것 같다고 느끼기도 한다. 마찬가지로 어떤 사람이 횡경막이 좀 아프다고 느낄 경우 뱃속에서 모든 것들이 거꾸로 돌아간다고 불평하고, 눈알이 충혈될 경우 눈이 안구에서 빠져버릴 것

같다는 하소연을 하기도 한다. 보통 사람 같으면 전혀 관심을 기울이지도 않을 지극히 사소한 아픔을 가지고 그들은 최악의 경우를 예상하고 두려워하는 것이다. 그래서 어떤 사람들은 머리가 아프면, 뇌막염 걸린 것이나 아닌가 또는 머리에 악성종양이라도 난 것이 아닌가 하고 두려워하기도 한다.

건강염려증의 증상을 더 들어보자. 어떤 사람은 이마에 열이 조금만 있어도 곧장 이제 뇌일혈이 다가오지 않는가 하면서 두려워하고, 또 다른 사람은 기침만 조금 하여도 폐결핵 진단을 받으려 하며, 다리만 조금 아파도 소아마비에 걸린 것이나 아닌가 하는 사람, 피부에 이상한 발진이 조금만 돋아도 매독이 아닌가 하고 두려워하는 사람 등 여러 가지 사람들이 있다. 이런 증상은 신체적인 측면에서만 나타나지 않는다. 어떤 사람은 불안 때문에 자기 일에 집중하지 못할 경우, 그러다가 정신병에 걸리는 것이 아닌가 하고 두려워하고, 또 다른 사람은 생리 중에 아주 예민해지고 안절부절 못할 경우 이 다음에 생리가 완전히 끝날 때 정신적으로 이상해지지나 않을까 하고 두려워한다. 또한 어떤 사람은 잠이 잘 오지 않을 경우, 내일 일을 제대로 처리하지 못할 게 틀림없다고 단정하기도 한다. 당신이 그런 사람에게 걱정하지 말라고 타이른다면, 그 사람은 당신이 자기 사정을 모르기 때문이라고 비난하거나 그의 상태가 그렇게 심각하지 않은 듯이 감추려는 것이라고 비난하기도 한다.

건강염려증 환자들은 자기 건강에 대한 염려가 매우 심해서 자기 몸 구석구석에 신경을 써서 맥박이 제대로 뛰는지 예민하게 살펴보고 어떤 때는 맥박이 제대로 뛰지 않는다는 느낌을 가지기도 한다. 또한 그는 조금만 아파도 체온을 재고, 자리에 누우며, 밥을 먹은 다음에 혀를 유심히 살피기도 한다. 말하자면 자기 몸 전체를 꼼꼼하게 살펴보는 것이다. 어떤 사람은 불안한 마음으로 변통(便通)을 살피기도 하고, 다른 사람은 그의 몸이 어떠해야만 한다고 생각하며, 또 다른 사람은 그의 혈압이 어떠해야 한다고 생각한다. 또 어떤 사람은 정기적으로 소변검사를 받는데, 소변에 조금이라도 이상이 있으면 신장에 중대한 이상이 생겼다고 단정하기도 한다.

 건강염려증의 또 다른 임상적 표시는 그 환자들이 자기 몸에 어떤 병이 있지 않을까 하는 느낌이 들거나 작은 불편함이 있을 경우 그것을 신체적인 증상으로 바꾸어 생각하는 것이다. 그의 몸에 나타나는 문제에 대한 걱정이 즉시 신체적인 증상으로 나타나는 것이다. 예를 들어서 말하자면, 그가 자기 몸에서 어떤 고통을 느낄 때 그 고통을 확대 해석하여 그 고통을 아주 심하게 느끼고 곧 이어 불치의 병에 걸린 것이 틀림없다고 생각하는 것이다. 건강염려증 환자들은 그들이 어떤 병에 걸렸다가 다 나아도 그 증상을 계속해서 느낀다. 또한 건강염려증 환자에게 어떤 고질적인 증상이 있을 경우 그의 신경증은 고질이 된다. 왜냐하면 그는 마음 놓고 그의 건강에 대한 불평을 늘어놓을 수 있기 때문이다. 그에게서 어떤 고통이 생기면 그는 자기 몸이 잘못되지 않을까 두려워하고, 그의 두려움은 그의 고통을 더욱더 심화시키는 것이다. 이렇게 해서 그는 악순환에 빠지는데, 그 악순환은 건강염려증 환자들에게는 특징적인 현상이다.

 건강염려증 환자들 가운데는 자기가 암에 걸리지 않았을까 하는 공황적인 공포감을 가진 사람(암 공포증)이 있는데, 그런 공포는 그의 몸에 실제로 어떤 증상을 가져오기도 한다.

 어떤 건강염려증 환자는 치통이 아주 심하게 느껴질 때마다 그가 설암에 걸리지 않았나 하고 매우 두려워했는데, 그의 삼촌은 몇 년 전 설암으로 돌아가셨다. 그런데 그가 두려워하면 두려워할수록 그의 고통은 더욱더 심해졌다. 하지만 그는 치과의사에게 가서 설암이 걸렸는지 검사를 하지도 못했다. 왜냐하면 치과의사가 그에게 이제는 설암이 손 쓸 수 없도록 많이 진행되어 이제 아무 것도 할 수 없다는 선고를 내릴까봐서이다.

어떤 건강염려증 환자가 실제로 암 때문에 수술을 받았을 경우 그는 밤낮으로 암이 다시 재발되지 않을까 하는 두려움에 휩싸이게 된다. 그래서 그의 몸에서 실제로 어떤 고통이 느껴질 때--그것이 실제로 병든 부분 때문에 생긴 것이라고 할지라도--그것은 그의 암이 재발된 것임에 틀림없는 것이라고 생각한다. 암 수술을 다시 받으면 어떻게 하나 하는 두려움과 죽음에 대한 두려움은 그를 한시도 쉬지 못하게 하는 것이다.

건강염려증 환자들은 그의 주위에 있는 사람들이 자기에게 별로 관심을 기울이지 않는다고 눈물을 짓는 경우도 많다. 그는 그들이 그의 고통에 대해서 좀더 관심을 기울여야 한다고 요구하는 것이다. 그래서 그들이 그에게 좀더 관심을 기울여 주고 동정을 해주면 그는 지금보다 훨씬 나아질 것이라고 생각하는 것이다. 그러나 다른 사람들이 그렇게 하는 것은 그에게 도움이 되기는커녕 그의 증상을 더욱더 악화시키고 만다. 다른 사람이 그의 상태에 대해서 어떤 말을 할지라도 그는 그가 말한 것 가운데서 좋지 않은 말만 들을 뿐 그의 상태를 호전시키는데 도움이 될만한 말은 전혀 듣지 않는 것이다. 더구나 다른 사람이 그의 잘못된 생각을 고치려는 말을 할 경우, 그는 그 말을 이해하지 못할 뿐만 아니라 화를 내기까지 한다. 그런 사람들은 언제나 이 의사

저 의사를 찾아다니면서 이 검사 저 검사를 받고, 그 의사들에게 서 위로가 될만한 말들을 들으려고 한다. 왜냐하면 새로운 의사 들은 잠시 동안이라도 그에게 위로가 되는 말을 해줄 수 있기 때문이다. 건강염려증 환자 가운데는 수 십 명의 의사들을 찾아 다녀야 한다고 생각하는 사람들이 있는데, 그 이유는 그가 각기 다른 의사들이 처방하는 이 약 저 약이나 이런 처치 법 저런 처 치 법을 받아야 한다고 생각하기 때문이다. 그와 반면에 어떤 환 자들은 도무지 의사에게 가서 검사를 받지 못하는 이들도 있는 데, 그 이유는 그가 지금 두려워하고 있는 질병이 그에게 있다고 선고할 것이 두렵기 때문이다.

그러므로 건강염려증 환자들은 끊임없이 불평불만을 늘어놓는 다. 그의 건강하지 못한 성격과 두려움은 그를 끊임없이 괴롭히 기 때문이다. 그에게서 어떤 걱정이나 두려움이 사라지면, 그것은 곧 또 다른 고통이나 염려로 대치된다. 좀더 심각한 경우 그들 가운데는 삶의 습관을 점점 더 축소시켜가면서 이제 더 이상 그 의 건강을 해치지 않는 범위 안에서 제한하려는 사람들도 있다. 예를 들어서 말하자면, 어떤 사람은 오한이 날까봐 집밖에 나가 지 않는 사람도 있으며, 채식만 하거나 술을 완전히 끊는 사람도 있다. 더구나 담배나 차나 커피나 몸에 조금이라도 해로운 것들 은 입에도 대지 않으려고 하는 사람들도 있다. 어떤 때는 아무리 책을 읽어도 머리에 하나도 들어오지 않는 경우도 있다. 그들이 너무 자기 자신에게만 사로잡혀 있기 때문이다. 또 어떤 사람은 그가 해야 하는 임무를 너무 어렵게 생각하는 사람도 있고, 너무 비관적인 인생관을 가졌기 때문에 대수롭지 않은 일도 자기로서 는 도저히 해낼 수 없다고 생각하는 사람도 있다. 그래서 용기를 내서 어떤 일을 한 다음에 이제는 일을 그만 두어야겠다고 생각 하여 퇴직해버리는 사람도 있다. 그런 사람들은 거의 언제나 상태가 더 좋지 않게 되어 곧 이어 잠도 잘 오지 않고 내면에 동요가 심하게 되고 심장 박동이 빨라지게 되는 경우가 많다. 건강염려증적인 우울증을 앓게 되는 것이다.

기독교인들에게서 건강염려증은 매우 특별한 양상을 보이게 된다. 자기의 건강상태에 대해서 의심스러운 마음으로 살피게 하는 그의 태도는 그에게서 하나님에 대한 전적인 신뢰를 빼앗아 가고, 그를 언제나 걱정 근심이 많고 두려움에 가득 찬 사람으로 만든다. 그래서 그는 하나님이 그에게 고통 속에서 살라는 운명을 점지하지 않았나 하고 생각해서, 그는 아무리 해도 나을 수 없다고 상상하기도 한다. 그는 끊임없이 탄식하면서 그의 주위에 있는 사람들과의 교유를 끊고 기독교의 가르침에 대해서 불신하기도 한다. 그의 관심사는 온통 자기 자신밖에 없기 때문에 그는 성경을 읽지도 않는다. 그가 기도를 할 때도 그는 자기 자신의 욕구밖에 머리 속에 없고, 하나님에 대한 찬양과 다른 사람들을 위한 중보기도는 찾아보기 힘들다. 그는 감기 걸리는 것이 두려워서 날씨가 좋지 않으면 교회에도 가지 않으려고 한다. 그는 전염병에 걸리는 것이 두려워서 성찬식에도 여간해서는 참여하지 않는다.

건강염려증이 선천적인 영역에 뿌리를 둔 자기중심적인 태도에 기반을 두고 있기 때문에 건강염려증 환자들에게 특유한 과도한 자기-관찰은 자기 자신에 대한 과도한 사랑과 세상을 쉽게 살려는 욕망에서 비롯된 것이라고 할 수 있다. 다시 말해서 건강염려증 환자들은 자기의 신체적인 건강이 이 세상에서 제일 중요하다고 생각하는 이기주의자인 것이다. 그는 무엇보다도 고통스러운 것을 싫어한다. 그래서 될 수 있으면 고통을 받지 않으려고 노력한다. 그의 자아가 난처한 지경에 빠질 때마다 그는 불안을 느끼고, 그때마다 그의 몸에서는 이상한 증상이 나타난다. 하지만 그의 신체적 증상이 상상에 의한 것이라고 생각해서는 안 된다. 그에게서 그 증상들은 실제적인 것들이기 때문이다. 그 증상들은 상상적인 것이 아니라 그는 실제로 그 병에 걸린 것이다.

건강염려증은 어떤 나이에서나 나타날 수 있고, 남자나 여자 모두가 걸릴 수 있다. 또한 어떤 계층의 사람들이나 어떤 종류의 사람들에게서도 나타날 수 있다. 그렇다면 우리는 건강염려증에 걸린 사람들에게 어떻게 해주어야 그들이 건강염려증으로부터 해방될 수 있는가? 다행하게도 그들은 의학적인 도움이나 올바른 영적 도움에 반응을 잘 보이고 있다. 우선적으로 해야 할 것은 환자로 하여금 그들의 고통의 원천에 대해서 알게 하고, 그것이 얼마나 해로운 것인지를 알게 하는 것이다. 흔히 하는 일이기는 하지만, 의학적인 검사를 통해서 아무 이상도 발견되지 않았다면, 그는 그가 건강하며 아무 병에 걸리지도 않아서 걱정할 것이 아무 것도 없다는 사실을 알고 안심하게 될 것이다. 더구나 그가 다른 사람들에게서 그가 그럴 만도 했다는 지지를 받고, 그의 속을 다 털어놓을 수 있는 환경을 제공받는다면 - 이 점은 그에게 대단히 중요하다 - 건강염려증 환자는 쉽사리 삶에 대한 용기와 희망을 되찾게 될 것이다. 그러나 건강염려증 환자들은 언제나 새로운 어려움이 찾아올 때마다 다시 불안에 휩싸이는 경향이 있기 때문에, 그가 다시금 삶에 대한 의지와 도덕성을 되찾을 수 있도록 인내심을 가지고 스스로 무장하게 해야 한다. 또한 신중하지 못한 말 한 마디도 그에게는 온갖 염려를 불러일으킬 수 있기 때문에 그를 대할 때는 언제나 신중해야 한다. 더구나 그를 불쌍하게 여기거나 우리가 그의 고통을 안타깝게 생각한다고 동정을 표시하는 것은 그에게 치명적인 결과를 낳을 수도 있다는 사실을 잊지 말아야 한다.

건강염려증 환자들에게는 그들이 자기중심성에서 벗어날 수 있도록 하는 것이 무엇보다도 필요하다. 그들이 사는 것은 그들이 혼자서 모든 것을 꾸려나가도록 하기 위함이 아니라 다른 사람들에게 무엇인가를 베풀기 위함이라는 사실을 배워야 하는 것이다. 그들은 그들이 그들의 건강에 대해서 염려할 때 그 고통은 늘어나지만, 건강에 대한 염려에서 벗어나고 그들의 비정상적인 상태와 맞설 때 오히려 건강해질 수 있다는 사실을 깨달을 필요가 있다. 그러므로 그들에게는 그들의 염려를 이완시켜주는 것이면 그 어느 것도 도움이 된다. 다시 말해서 그들이 어떤 행동을 규칙적으로 하면서 다른 것에 관심을 기울임으로써 자기 자신에 대해서 지독하게 관찰하는 태도로부터 해방될 수 있다면 그것은 대단히 바람직한 일인 것이다. 그러므로 그의 일이 그에게 고통을 주지 않을까 하는 생각이 들더라도 그 일을 그만두게 하는 것은 무슨 일이 있어도 피해야 한다. 왜냐하면 그가 그 일을 그만두면 그는 병적인 불안 속으로 더 깊이 들어갈 것이라는 사실에 의심의 여지가 없기 때문이다. 마찬가지로 그가 요양원에 가도록 하는 것은 그의 신체적인 고통을 일시적으로 완화시키려는 목적에서가 아니라 그의 질병에 결부된 심리학적인 특성이 충분히 고려되지 않은 것인 한 결코 바람직한 일이 아니다. 그것은 그에게 자기-관찰만 더 깊이 할 위험이 있는 것이다. 그러므로 그가 아무리 요양원에 가면 더 좋아질 것이라고 해도 그 청을 들어주어서는 안 된다. 왜냐하면 그는 거기에 가서 건강염려증적인 두려움만 더 키울 것이기 때문이다.

　영성지도자들은 건강염려증 환자들이 그들의 병으로부터 낫기 위해서 그의 자아에 대한 과도한 관심으로부터 벗어나고 하나님에 대한 흔들리지 않는 신뢰를 확고하게 하는데 도움을 주어야 한다. 이제 그가 다른 사물들에 관심을 기울이고 그의 미래와 현재가 하나님의 손에 달린 것이라고 다시 믿게 된다면, 치유는 멀지 않게 된다. 하지만 그에게 실제로 신체적인 병이 있을지라도 그는 그 병에 져서는 안 된다. 오히려 그의 고통 속에서 내면적인 성숙을 이룰 수 있는 방도를 찾아야 한다. 그것이 그로 하여금 자기 자신으로부터 벗어나게 할 것이기 때문이다. 그러므로 그는 이제 자기 신세를 한탄하기를 그치고 그의 고통 위에 서야 한다.

히스테리

건강염려증이 자기가 어떤 병에 걸렸으면 어떻게 하나 하는 두려움 때문에 생기는 병이라면 히스테리는 그 병에 걸렸으면 하는 무의식적인 동기 때문에 신체적 증상이 생기는 것이다. 그러므로 건강염려증 환자들이 그 병을 두려워한다면, 이상하게 들릴지 모르지만 히스테리 환자들에게는 그 병에 걸렸으면 하고 바라는 무의식적인 동기가 들어 있다. 하지만 이 두 경우 모두에서 문제가 되는 것은 그들의 자기중심성이다. 모든 히스테리 증상에는 자기중심적인 역동성이 들어있는 것이다. 예를 들어서 말하자면, 그들은 그들의 주위에 있는 사람들이 자기에게 좀더 주의를 기울여주거나, 자기에게 관심을 더 많이 가지고, 다른 사람들이 자기에게 동정을 베풀고 자기를 돌봐주었으면 하는 욕망을 가지고 있다. 그렇지 않으면, 그들은 불쾌하거나 어려운 상황에서 교묘하게 벗어나거나, 그가 해야 할 일로부터 도피하거나, 갈등을 피하려는 욕망 때문에 히스테리적인 증상을 나타내는 것이다. 간단히 말해서 히스테리 증상은 삶의 요청에 제대로 대처하지 못한 사람들이 어떤 난처한 상황에 직면할 때 그것을 모면하려고 해서 생기는 현상인 것이다. 히스테리에 잘 빠지는 사람들 속에는 자기가 대단한 사람이라는 것을 보여주려는 욕망 못지않게 열등감이 가득 차 있는 것이다. 그러므로 우리는 히스테리가 의도적인 신경증이라고 할 수 있다.

히스테리에 내재된 의도성은 무의식적인 것이라서 히스테리 환자의 정신상태를 아주 세밀하게 검사한 다음에만 알 수 있는데, 그런 마음의 상태가 히스테리 증상을 불러일으키는 것이다. 히스테리 환자들은 흔히 히스테리에서 낫지 않으려고 하는데, 그들이 왜 히스테리에서 낫지 않으려고 하는지 하는 이유를 밝혀내지 못하는 한, 그들은 그 증상이 심리적인 것이 아니라고 강조하며, 삶의 상황이 너무 고단해서 그런 것이라고 주장한다. 그들은 환상 속에서 사는 것이다. 따라서 그들은 그들의 증상 뒤편에 또 다른 동기가 있다고는 전혀 의심하지 않는다. 말하자면, 그들은 히스테리에서 낫기를 바라면서도, 다른 한편으로는 히스테리에 완강하게 달라붙어 있는 것이다. 결국 그들은 히스테리가 그들에게 제공하는 이득을 잃어버리는 것이 두렵거나 그들이 아직 그들의 삶에 직면할 준비가 되어있지 않다고 생각해서 히스테리에서 치유받기를 두려워하는 것이다. 이렇게 히스테리로부터 치유 받지 않으려는 욕망과 치유 받으려는 욕망 사이의 갈등은 히스테리 환자를 분열로 몰아넣어 모순이 가득 찬 사람이 되게 한다. 하지만 그 두 욕망 가운데서 언제나 치유 받지 않으려는 욕망이 강한 법이다.

히스테리의 증상은 매우 다양하게 나타난다. 이 세상에 있는 그 어떤 질병도 히스테리만큼 다양한 모습으로 나타나지 않는다고 말할 수 있다. 그래서 우리는 여기에서 히스테리 증상 가운데서 가장 특징적이고 가장 중요한 증상들만 언급하려고 한다 : 히스테리 가운데는 피부 감각이 너무 예민하거나 너무 둔해서 문제가 되는 경우가 있다. 어떤 사람들은 바늘로 찔러도 아픈 것을 느끼지 못하는 반면, 다른 사람들은 조그만 자극에도 아주 심하게 반응하는 것이다. 그런 현상은 몸 전체에서 나타나기도 하고, 몸의 반쪽에서만 나타나기도 하며, 몸의 일부분이나 특정한 부위에서만 나타날 수도 있다. 그리고 어떤 사람은 몸 전체를 누가 때리는 것처럼 아픔을 느끼며, 또 다른 사람은 똑바로 서있을 수 없거나 움직일 수 없으며, 말할 수 없는 경우도 있다. 머리나 팔이나 다리를 막 떨거나 경련을 일으키는 사람도 있고, 구토증을 일으키거나 졸도를 하는 사람도 있다. 감각기관에 문제가 생겨서 갑자기 아무 것도 보지 못하거나 듣지 못하는 경우도 있으며, 이상한 소리를 듣거나 이상한 것을 보는 사람도 있고, 머리가 몽롱하여 몇 분 동안이나, 심하면 며칠 동안 머리가 멍한 채 작동하지 않는 듯한 사람도 있다. 어떤 환자는 자기 암시에 의해서 상상적인 세계로 들어가기도 하고, 어린 시절로 돌아가거나 과거의 충격적인 사건 속으로 들어가는 경우도 있다. 그때 그는 실제로 어떤 사람을 볼 수 있고, 그로부터 무슨 말을 듣기도 한다. 심한 경우 그는 그 사건이 실제로 일어나는 듯이 느끼며, 의학적인 처방이나 수술을 해야 하는 경우도 생긴다.

이 모든 증상들은 히스테리 환자들이 과거에 있었던 충격적인 사건들을 그의 몸이나 정신에서 실제적인 것처럼 일어나게 하려는 성향이 있기 때문이라고 설명할 수밖에 없다. 그가 어떤 사건에서 강력한 인상을 받았을 경우, 그것은 그의 정신에 영향을 주고, 그의 정신은 다시 그것을 신체적인 문제나 정신적인 문제로 바꾸기 때문에 그런 증상들이 나타나는 것이다. 우리는 그런 문제들을 "히스테리 반응"이라고 부른다. 히스테리 반응은 보통 히스테리 환자의 정신상태를 심하게 훼손시키지 않는다. 그래서 어느 정도 처치를 하면 쉽게 낫는다. 그러나 히스테리 현상에서는 그렇지 않다. 왜냐하면 그것은 신경증의 특성을 악화시키는 경우도 있기 때문이다. 그런 것들은 보통 사람들이 흔히 히스테리라고 부르는 것들이다.

 히스테리의 가장 두드러진 특성은 조금 전에 말했던 것으로, 히스테리 환자들이 모든 관심을 그의 자아에 집중시키고, 무슨 수를 써서라도 다른 사람들의 관심을 자기에게 이끌려고 한다는 것이다. 히스테리 환자들에게는 자기 자신을 높이려는 과도한 욕구가 있는 것이다. 그는 그의 주위에 있는 사람들에게 너무 많은 것을 요구해서 문자 그대로 다른 사람들에게 폭군처럼 군다. 의사들 역시 언제나 그의 요청이나 욕망에 응답할 준비를 하면서 그의 뜻대로 해야 한다. 그래서 다른 사람들이 그의 요구대로 해주지 않으면, 히스테리 환자는 당연한 것처럼 그들에게 협박이나 위협을 가하면서 관심을 얻으려고 한다. 그는 어떤 허위나 날조나 중상모략이나 거짓말도 가리지 않는다. 그들은 다른 사람들이 그에게 보여주었던 관심을 이제 더 이상 보이지 않는다면 자살하겠다고 위협하는 경우도 심심치 않게 있다. 더구나 그는 대단히 예민해서 그가 다른 사람들로부터 소홀한 취급을 받는다고 느껴지면 다른 사람들의 주의를 끌려고 갖은 짓을 다하고 눈물을 떨구기도 한다. 그리고 그는 주위에 있는 사람들에게 질투도 자주 느낀다. 그가 만약 결혼한 여자라면, 그녀는 남편에게 아주 교묘하게 심술을 부리거나 골을 내서 아무리 강한 남자라도 그녀에게 꼼짝 못하게 한다. 그가 하는 것들은 모두 연희적(演戲的)인 것이다. 그가 만약에 오해받고 있다는 느낌을 가진다면, 그는 순교자인 것처럼 행동한다. 그는 그의 주위에 있는 사람들을 있는 그대로 보지 않고, 그의 눈에 비치는 대로 보는 습성이 있다.

 심리학적인 측면에서 볼 때, 히스테리 환자는 다른 사람들의 영향을 대단히 쉽게 받는다. 그는 다른 사람이 어떤 치료법을 새로 발견했다고 하면 곧 열광하고 쉽게 흥분하는 것이다. 또한 그는 그에게 가까운 사람들에게 쉽게 이끌리고, 그 사람이 조금만 좋게 보이면 그 사람을 곧 우상시하곤 한다. 하지만 그 사람이 그에게 별로 큰 관심을 보이지 않으면, 곧 낙담하고 분개하기도 한다.

히스테리 환자들은 다른 사람에게 어떤 신체적 증상이 있을 때, 무의식적으로 그에게도 똑같은 증상을 만들어내는 경우가 있는데, 그런 현상을 가리켜서 "심리적 감염"이라고 한다. 그래서 학교 건물이나 기숙사에서 한 아이에게 어떤 증상이 생겼을 때, 다른 학생들도 모두 심리적으로 감염되어 큰 소동이 벌어지는 일도 종종 생긴다. 또한 신경증 환자인 어머니의 딸은 어머니의 관심을 끌려고 어머니와 비슷한 증상을 나타내는 경우도 있다. 그들의 풍부한 상상력은 그들로 하여금 공상 속으로 쉽게 빠져들게 한다. 그들은 여러 가지 상황들에서 자기네들이 어떤 특별한 역할을 하도록 부름 받았다고 상상하는 것이다. 그래서 그들의 기분 상태는 극과 극을 치달으면서 변하곤 한다. 어떤 때는 아주 쾌활했다가, 곧 이어 냉담하거나 안절부절 못하는 것이다. 그래서 다른 사람들은 그가 무슨 생각을 하고, 무엇을 느끼며, 무슨 일을 할지 도무지 알지 못한다.

우리는 히스테리 환자들에게는 의지가 매우 박약하다는 사실도 주목해야 한다. 그들에게 이런 저런 문제들이 많이 있기 때문에, 그들은 어떤 일을 할 때 꼭 해야 한다고 생각하기보다는 가능한대로 해도 된다고 생각하곤 한다. 규칙적인 일을 하면서 구속받는 것을 참지 못하는 것이다. 물론 히스테리 환자들은 매우 진지하게 그런 상태에서 벗어나려고 노력을 한다. 그러나 그들의 증상이 왜 생겼는지 모르기 때문에 그것으로부터 빠져나오지 못한다. 그들의 의지가 마비되어 있는 한, 그들이 아무리 노력을 해도 소용없는 것이다. 그들은 무의식적으로 그들의 병이 불치라고 생각하기 때문이다. 그들이 히스테리를 제대로 정복하는 길은 히스테리의 근본적인 원인을 깨달아 아는데 달려 있는 것이다.

히스테리가 생기는 데에는 다른 신경증의 경우에서와 마찬가지로 소인적인 요인 이외에 좋지 못한 교육 환경도 대단히 중요한 영향을 미친다. 어떤 아이가 외아들이거나 외동딸이거나 그렇지 않으면 둘째라서 특별히 귀여움을 받았다든지 아니면 매우 엄격한 가운데서 길러졌을 때, 그런 아이들은 자기 자신에 대한 자신감을 형성하지 못하고 자기는 이 세상에 별로 적합하지 못한 아이라는 느낌을 가지기 쉽다. 그래서 그들은 생존하기 위해서 다른 사람들의 동정만 받으려고 한다. 다른 한편, 그들의 부모님이 언제나 그들을 끼고 돌면서 그들을 찬양하면, 그들 속에는 이상한 자긍심이 생겨서 어떤 경우에나 다른 사람들의 관심을 끌려고 하는 마음이 생긴다.

사람들에게 히스테리 증상을 촉발하는 것은 히스테리 환자가 매우 좋지 않는 사건을 당해서 감정적으로 커다란 충격을 받았을 때이다. 예를 들어서 말하자면, 그가 어떤 사건에 휩쓸렸다든지, 다른 사람과 언쟁을 심하게 했다든지, 감당하기 힘든 책임을 져야 한다든지, 대단히 중요한 결단을 내려야한다든지, 사랑에 실패했다든지, 명예가 실추되었다든지, 형무소에 가게 되었다든지, 아니면 삶에서 커다란 좌절감을 맛보았든지 하는 일들에 휩쓸려 들어갔을 때이다. 이런 일들 가운데 어느 일이라도 히스테리적인 기질을 가진 사람에게 신체적인 증상을 일으켜서 그가 무의식적으로 추구하는 목적을 달성하도록 한다. 즉 교묘하게 그가 직면하고 싶지 않는 상황에서 벗어나게 하는 것이다.

히스테리적인 기질을 가진 딸은 어머니와 심한 언쟁을 하다가 갑자기 다리에 경련이 일고 다리가 마비되어 오랫동안 침대에 누워있어야 했다. 그렇게 함으로써 그 딸은 어머니가 그녀를 간호하게 하여 복수를 했다.

결혼을 한 어떤 부인은 그녀의 남편이 그녀를 속인 것을 알게 되었다. 그 다음 날 그녀는 심한 복통에 시달렸다. 그것은 그녀가 남편의 성실하지 못한 태도에 항거하는 수단이었다.

사고 때문에 뇌에 커다란 충격을 받은 어떤 사람은 연금 신청을 할 때마다 머리에 격심한 통증을 느꼈다.

사는 것이 두려워서 히스테리적인 기질을 가지고 있던 어떤 여자 아이는 바늘을 마구 삼켰다. 그 아이는 삶의 어려움으로부터 도망치고 그녀가 다른 사람들을 떠맡아야 한다는 책임으로부터 도망치려고 죽고 싶었던 것이다.

어떤 젊은이는 직장 상사가 야단치기만 하면 신경증적인 복통을 호소했는데, 그것은 그의 동정심을 유발하고 엄격함을 완화시키려는 동기에서 나온 것이었다.

자기 식구들에게 부당한 대우를 받는다고 느꼈던 어떤 여자는 때때로 입맛을 잃고 거의 아무 것도 먹지 못하였다. 그것은 그럼으로써 그녀의 안색이 나빠지면, 다른 사람들이 그녀를 불쌍히 여기고 그들이 그녀에게 했던 잘못을 깨닫게 되지 않을까 하는 생각에서였다.

이런 증상들은 히스테리에서 비롯된 증상들이다. 그런데 이런 사람들이 병상에 오랫동안 누워있으면, 그들은 종종 그들이 이제 더 이상 생존경쟁에 나설 능력이 없다고 생각한다. 그래서 그들은 다른 사람들이 그들을 도와주고 다른 사람의 동정을 받아야 하는 습관에 빠져들기도 한다. 이렇게 해서 그들은 어떤 특정한 증상에서는 벗어났을지라도, 히스테리는 계속 가지게 된다. 그래서 다리에 좌골 신경통을 앓던 사람은 좌골 신경통이 다 나은 다음에도 삶의 상황이 좋지 않을 때 때때로 류마티스성 관절염이 도지거나 관절에 통증을 느끼고, 심한 감기를 앓고 난 다음 어떤 사람은 목이 잠겨서 말을 못하거나, 경련이 일면서 기침발작을 하는 경우도 있다. 이 모든 현상들은 히스테리 때문에 생기는 것들이다.

히스테리 증상들은 여러 가지 죄의식 때문에 생기기도 한다.

아주 중대한 과실을 범했던 어떤 히스테리 여성은 히스테리 증상을 일으켰는데, 그것은 다른 사람들이 그녀를 좀더 너그럽게 봐주었으면 하는 목적에서였다.

마음 속에 여러 가지 갈등이 있을 때도 히스테리가 발작할 수 있다.

어떤 남자가 어떤 여자에게 데이트 신청을 했는데, 그 여자는 그 신청을 받아들여야 할지 말아야 할지 알지 못했다. 결국 데이트 신청에 대한 두려움이 그녀를 엄습했다. 그래서 그녀는 그것을 결정하지 않아도 되도록 그녀의 위는 반란을 일으켜 심한 복통과 구토를 일으켰다. 이 증상들은 그녀로 하여금 데이트에 나가지 않아도 되는 변명거리를 만들어주었다.

교회 성가대에서 노래를 부르는 어떤 젊은 여자는 잘못을 저질렀다. 그녀는 다른 동료들과 함께 성가를 부를 때마다 자기가 위선자라는 생각을 떨쳐버릴 수 없었다. 그러던 어느 날 그녀는 목이 쉬어서 성가를 부르지 못하게 되었고, 그것을 통하여 내면의 갈등은 해결될 수 있었다.

어떤 히스테리 증상들은 과거의 고통스러운 경험 때문에 나타날 수도 있다.

어떤 부인은 매년 같은 때마다 매우 심한 복통을 느끼는데, 그때는 그녀가 이혼했을 무렵이다. 그 고통스러웠던 때의 기억은 그녀로 하여금 다른 사람들로부터 동정을 받았으면 하는 무의식적인 동기로 그녀를 가득 채우는 것이다.

이처럼 과거의 좋지 않았던 경험에서 나온 정동(emotion)은 히스테리적인 기질을 가진 사람에게 신체적인 문제를 불러일으킨다. 그리고 이 증상들은 일상적인 삶 속에서 그에게 개인적인 이득을 얻게 하거나 불편한 상황에 직면하지 않아도 되게 해준다.

우리가 살펴보았던 다른 신경증들도 어느 정도 히스테리와 비슷한 색조를 가지고 있다. 모든 신경증 환자들은 그의 불안이나 우울증이나 강박증이나 망상에 갇혀 있을 수 있으며, 의식적으로나 무의식적으로 그의 이기적인 목적을 위해서 그것들을 과장하는 것이다.

어떤 젊은 여자는 어머니가 돌아가신 다음 심한 우울증에 걸렸는데, 그 우울증 상태에서 그녀는 눈물을 걷잡을 수 없었다. 히스테리적인 눈물 사태였던 것이다. 그녀는 혼자 있을 때, 자기 자신이 너무 불쌍한 것 같아서 다른 사람들이 그녀를 동정해주기를 바랐던 것이다.

어떤 젊은이는 주인이 그를 야단 친 다음부터 주인과 같이 있을 때 심한 불안을 느꼈다. 그의 가족들이 그를 불쌍하게 여긴다는 생각이 미치자, 그는 주인이 용서한 다음에도 그의 불안을 그대로 간직하였다.

히스테리 환자의 건강 상태는 그가 스스로에 대해서 가지고 있는 생각에 달려 있는 경우가 많다. 그는 다른 사람에게 들었던 이야기나 그가 읽었던 책에 나와 있는 것 가운데서 가장 인상적인 증상(예를 들어서 말하자면, 마비나 졸도나 떨림 등)을 사용하는 것이다. 더구나 그 증상의 성격은 그가 노리고 있는 목적과 합치되곤 한다. 예를 들어서 말하자면, 히스테리 환자가 지금 어떤 아픔을 두려워하고 있다면, 그의 증상은 그가 피부에 아무 감각도 느끼지 못하는 것으로 나타나는 것이다. 또한 그가 두려워하는 사람을 만나기 싫다면, 그의 증상은 시각과 관계되기 일쑤이다. 그는 팔이나 다리에 마비가 와서 자리에 누울 수도 있는데, 그 경우 그는 원하지 않는 상황과 직면하지 않으려고 하는 것이다. 눈물이 너무 쏟아져 흐른다면, 그는 다른 사람들이 그를 안타깝게 생각해주지 않기 때문에 스스로가 자기-연민에 빠져 있을 수 있다. 히스테리 환자는 정신이 몽롱한 상태에 빠지기도 잘하는데, 그것이 그가 그에게 적대적인 외부 세계와 접촉을 끊으려고 하거나 가혹한 현실 세계(예를 들어서 말하자면, 그가 어떤 험

의를 받고 있거나 구치소에 수감되어 있을 때)로부터 도망가려고 할 때, 또는 그가 어린 아이처럼 상상의 세계 속으로 들어가서 피난처를 찾으려고 할 때 종종 택하는 방법이다.

어떤 여자는 어린 시절의 행복했던 시절로 돌아가기 위해서 정신이 몽롱한 상태에 빠졌는데, 그것은 결혼이 그녀가 바랐던 행복을 주지 못했기 때문이다.

매우 힘들게 살았던 어떤 젊은 여자는 가위로 정맥을 절개하여 혼수상태에 빠졌다. 그렇게 함으로써 그녀는 그녀가 시도하였던 자살에 대한 책임을 지지 않으려고 하였다.

어떤 히스테리 환자가 병원 밖에서 혼수상태인 채로 발견되었는데, 그는 혼수상태에 빠짐으로써 이 세상에 있는 아무 것도 듣지 않고, 아무 것도 보지 않을 수 있었다. 그러나 그에게 의식이 있었다면, 그는 그가 현실 상황에 아무 책임도 지려고 하지 않는다는 비난을 들었을 것이다. 그러나 혼수상태에 빠짐으로써 그는 아무 비난도 듣지 않으면서 현실로부터 도망가려는 의도를 실현시킬 수 있었다.

히스테리 환자들이 종종 가지게 되는 환각(hallucination) 역시 그들의 특별한 목적을 충족시켜준다.

어떤 여자는 그의 방에서 천사의 환상을 보았는데, 그것은 그녀가 그녀의 담임목사님으로부터 매우 경건한 여자라는 말을 듣고 싶었기 때문이다.

또 다른 여자는 그녀의 양심이 왜곡된 상태에 있을 때마다 악마를 보았는데, 그것은 그녀가 그녀의 영성지도자로부터 좀더 깊은 배려를 받으려고 했기 때문이다.

히스테리 환자들이 고통스러운 사건을 기억하지 않으려고 할 때, 기억에 공백이 생긴다. 그래서 히스테리적인 기질이 있는 아이들은 접시에 있는 음식물을 먹고 싶지 않을 때, 갑자기 복통이 생기거나 위가 불편해지는 경우가 생기고, 그 아이가 학교에서 아주 지루한 수업시간을 빼먹고 싶으면, 입원을 해야만 하는 병에 걸리기도 한다. 때때로 히스테리 환자는 갑자기 기절함으로써 그가 직면하고 있는 어려운 상황으로부터 도망치기도 한다. 또 어떤 사람은 그의 주위에 생긴 슬픈 상황을 숨기기 위하여 히스테리적인 웃음 발작을 일으키기도 한다. 삶에 대한 의욕을 완전히 잃은 사람이 입맛도 없고 구토를 계속 하면서 빨리 죽으려는 생각에서 몸이 점점 더 야위어 가는 경우도 있다. 이런 여러 가지 현상들을 살펴볼 때, 우리는 히스테리 증상에는 여러 가지 특별한 이유가 그 안에 내재되어 있다고 말하지 않을 수 없다.

히스테리로 고통 받는 기독교인들은 그들의 정신에 변화가 생겨서 그것이 그들의 신앙에 어떤 변화를 일으킬 수도 있다. 그래서 어느 날은 감정이 고양되어 하나님을 생각하면서 기분이 들뜨다가도, 그 다음날은 영적으로 완전히 의기소침해지거나 무관심해지기도 한다. 그들이 심리적으로 압박을 받으면, 그들은 곧 종교에로 귀의하려고 하며 이 새로운 흐름을 열광적으로 따르려고 하기도 한다. 그러나 이런 흐름은 머지않아 또 다른 종교적인 성향 때문에 달라질 수도 있다. 또한 그가 어떤 기도를 드렸는데 그것이 들어졌을 경우 그는 한껏 고양되어 의기양양해 하기도 한다. 말하자면, 그는 그의 감정에 너무 매달려 있고 그의 욕망이나 충동을 하나님의 음성에 맡기려고 하는 것이다.

히스테리 환자가 그의 영적인 지도자와 맺고 있는 관계도 대단히 독특하고 병적이다. 그는 영적인 지도자에게 너무 의존되어 있거나 그를 괴롭히는 일도 종종 일어난다. 그러다가 그의 영적인 지도자가 그의 말을 들어주지 않으면, 그는 곧 다른 사람에게 달려가고 그 사람을 다시 괴롭히게 된다. 그가 그의 영적인 지도자와 나누는 대화는 그와 좀더 밀접한 관계를 맺으려는 것이고 그의 경건성을 과시하려는 것으로 가득 차 있다. 그는 끊임없이 그가 새로 지은 죄를 고백하려고 하며 새롭게 고백할 죄를 찾으려고만 할 수도 있다. 그래서 그의 영적인 지도자가 히스테리 환자들의 특성에 대해서 잘 알지 못할 경우, 그에게 완전히 속아 넘어갈 수도 있다.

히스테리 환자들은 다른 사람들을 위해서 봉사하는 경우도 많은데, 그것은 그 사람들을 정말로 위하는 것이라기보다 그가 그들보다 더 낫다는 것을 보여주려는 수단인 경우가 많다. 왜냐하면 그가 너무 자아 중심적이라서 그에게는 하나님의 일을 한다는 생각보다 그 자신을 위해서 한다는 생각이 더 지배적이기 때문이다. 그에게 히스테리 증상이 심할 때, 그는 그에게 있는 그 병에서 낫지 않으려는 무의식적인 의도를 그가 하나님의 뜻에 순종하려는 태도라고 호도(糊塗)하려고 한다. 그러면서 그는 다른 사람들이 그가 참을성 있고 또 잘 참는다고 칭찬해주기를 바란다. 그는 그 병이 그를 도우려는 하나님의 은혜 때문에 생긴 것이고 그 병을 통하여 그가 하나님께 영광 돌릴 수 있을 것이라고 생각하는 것이다.

그는 그의 영적인 지도자가 그를 위로하고 동정하면 대단히 기쁘게 생각한다. 그가 그 증상에서 갑자기 벗어나면, 그는 그의 주변에 있는 사람들의 관심의 대상이 된 것이 너무 기뻐서 그의 치유가 하나님의 기적적인 개입 때문에 생긴 것이라고 열광적으로 떠벌이게 된다. 그가 매우 엄숙한 예배에 참석했을 때, 그는 칠층천으로 올라가는 느낌을 가지기도 한다. 특별히 가톨릭의 엄숙한 미사는 히스테리 환자들을 그런 상태로 종종 이끌고 간다. 마찬가지로 가톨릭의 성인숭배는 매우 다양한 히스테리 증상을 불러일으키기도 한다. 그래서 히스테리적인 기질이 있는 가톨릭 신자들은 성모 마리아를 보았다거나 다른 성인들을 보았다고 주장한다. 마찬가지로 복음주의적인 개신교인으로서 히스테리적으로 시각적이거나 청각적인 환상을 보는 사람들이 종교적인 의문에 사로잡혀서 밤을 샜을 경우, 그들 가운데는 밤중에 하나님이나 사탄의 음성을 들었다고 주장하거나 환상 속에서 천사를 보거나 예수님을 보았다고 주장하는 사람들도 있다. 그들은 이런 병적인 현상을 통해서 하나님의 메시지나 초자연적인 음성을 들었다고 믿고 그것을 찾으려고 하는 것이다.

사람의 심장에 관해서 그림을 그려놓고 설명을 한 책을 본 다음에, 어떤 히스테리 환자는 밤중에 잠을 자다가 반쯤은 잠이 들고 반쯤은 깨어있는 채로 그 책에 나온 모든 사람들의 모습을 다시 보게 되었다. 그때 그녀는 하나님 안에서 희열에 잠겨 있었는데, 그녀는 주님이 그녀 앞에 서계신 것을 똑똑히 보았다. 그녀는 그때 혼자 내버려져 있었는데, 그녀는 주님이 그녀의 곁에서 그녀에게 무슨 위로의 말씀을 하시는 것을 똑똑히 들었던 것이다.

어떤 잘못을 저지른 젊은 여자는 밤에 악령이 그녀를 고소하는 모습을 종종 본다. 그런데 그것은 그녀가 어느 날 어떤 부인으로부터 이 세상에는 마귀가 있고, 사람들은 마귀를 두려워해야 하며, 마귀는 사람들을 공격하여 불행에 빠뜨린다는 이야기를 들은 다음인 것이 틀림없다.

히스테리적인 기질이 있는 기독교인들에게 종교적인 성격의 불안은 그에 해당하는 시각적이거나 청각적인 환상으로 나타날 수도 있다. 그래서 그런 사람들은 종종 유령이 나타나는 것을 보는데, 그것은 남자들보다 여자들에게서 더 많이 나타난다. 그러나 유령의 출몰은 어떤 특별한 조건이 갖추어져야만 한다. 또한 히스테리 증상은 옛날에 생각했던 것처럼 횡경막에 이상이 있어서 생기는 것이 아니고, 여자들이 남자들보다 심리적으로 잘 버티지 못하기 때문이라고 할 수 있다. 그러나 히스테리적인 기질이 있는 남자들에게서도 유령을 보았다는 현상이 종종 일어나는데, 그런 보고는 특별히 세계 제1차대전에서 많이 이루어졌었다.

한편 히스테리는 젊은이들에게서도 많이 나타나는데, 그 이유는 젊은이들이 자아에 대한 통제가 약하고, 삶에 제대로 적응하지 못하기 때문이다. 히스테리 증상은 완숙한 나이의 사람들에게는 비교적 드물게 나타나는데, 그 대신 그들에게서 나타나면 그것은 심각한 종류의 것이다. 또한 히스테리는 결혼한 여자보다 독신인 여자에게서 더 많이 발견되는데, 그것은 혼자 사는 여자들이 삶에 대해서 불안을 더 느끼기 때문이다. 그래서 사람들은 과부들이나 고아에게서 히스테리를 더 많이 볼 수 있으며, 삶이라는 투쟁에 제대로 적응하지 못하겠다고 생각하는 홀로 사는 사람들에게서 자주 나타난다고 할 수 있다. 마찬가지로 우리는 시골에서 올라온 젊은 처녀들에게서도 히스테리가 종종 나타나는 것을 볼 수 있는데, 그녀들은 대도시에서 마주치게 될 모험이나 위험을 혼자서는 제대로 감당하지 못하지 않을까 하고 두려워하기 때문이다. 어쨌든 우리는 약한 히스테리 증상을 아주 많은 사람들에게서 찾아볼 수 있고, 그들이 다른 사람보다 앞서려고 하거나 다른 사람들로부터 동정을 받으려고 하기 때문이라고 할 수 있다. 심지어는 정신적으로 매우 건강한 사람들도 때때로 아주 특별한 상황 속에서 히스테리적인 반응을 보이는 경우도 드물지 않게 발견할 수 있다.

히스테리 현상은 대체로 환자의 기분 상태에 많이 달려있다. 그가 다른 사람들로부터 정신적인 지원을 받거나 그의 열정을 자아내게 하는 일을 하거나 아니면 환경이 바뀌어서 그의 병적인 상태에 관심을 기울이지 않고 정신상태가 호전될 때, 그의 증상은 주목할 만하게 줄어들거나 심지어 완전히 사라지기도 한다. 그러나 그의 신경이 매우 예민하거나 그의 증상에 신경을 많이 쓰면, 히스테리는 다시 심각해진다. 이렇게 히스테리 환자들에게는 증상의 浮沈이 심한 것이다.

그런데 히스테리는 어린 시절 몇 번 나타나더라도 제대로 처치하기만 하면 완전히 그치게 할 수 있다. 하지만 나이가 들면 히스테리는 돌보기가 여간 어렵지 않다. 우리는 히스테리가 자주 재발되는 것을 지켜볼 수 있는데, 그에게 유전적인 소인이 있을 경우 더욱더 그러하다. 또한 어떤 히스테리 환자들은 별다른 처치를 하지 않고 다만 암시적인 요법만 간단하게 사용했는데도 증상이 갑자기 사라지는 것을 볼 수 있다. 예를 들어서 말하자면, 그 환자가 가톨릭 신도인 경우 그의 병든 부분에 가톨릭의 성물(聖物)을 가져다 댄다든지, 성수(聖水)를 뿌리는 순간 그의 증상이 감쪽같이 사라지는 것이다.

히스테리가 무엇인지 명확한 판단을 내리는 것은 대단히 어려운 일이다. 하지만 의료분야가 아닌 일반 세상 사람들 사이에서는 히스테리 환자들의 도덕성에 어떤 문제가 있다고 생각하는 경우가 많은데, 어떤 히스테리 환자가 지극히 자아 중심적일 경우 사람들은 더욱더 그렇게 생각한다. 하지만 그의 병은 그의 무의식 속에서 점점 심해지기 때문에, 히스테리 환자들은 그가 왜 그렇게 되었는지 알지 못한다. 더구나 히스테리에는 유전적인 요인을 감안해야 하기 때문에, 히스테리 환자들은 나중에 히스테리라고 판정되었을 뿐이라는 사실을 잊지 말아야 한다. 하지만 대부분의 경우에 있어서 의식적인 죄와 그 자신이 완전히 무의식적인 그의 병적인 감정과 행동 사이를 분리시키기는 어려운 일이다.

한편 히스테리가 완전히 공상(imaginaire)에 의한 병이고 가상적인 병이라고 생각하는 것은 잘못된 일이다. 히스테리 환자들이 무의식적으로는 그들의 병을 떼어놓지 않으려고 하기 때문에 그들이 그들의 질병을 짊어지고 있는 것이라고 할 수 있지만, 많은 히스테리 환자들은 그들의 잘못 때문에 고통 받는 것이다. 따라서 히스테리 환자들이 당하는 고통은 사실은 없는 것이고 그들은 공상 속에서만 앓고 있는 것이라고 생각한다면, 그것은 전적으로 잘못된 판단이다. 그들에게서 고통은 아주 실제적인 것이기 때문이다. 다시 말해서 그들의 고통이 그들이 그렇게 생각하기 때문에 생긴 것이기는 하지만, 그들이 느끼는 고통은 신체적인 질병의 경우와 똑같이 고통스러운 것이며, 어쩌면 더 고통스러운지도 모른다.

어떤 사람들 가운데는 히스테리 현상은 사탄의 힘 때문에 생기는 것이라고 주장하는 사람들도 있는데, 그것은 여태까지 우리가 살펴보았던 것들과 전혀 다른 맥락이다. 히스테리 현상은 완전히 자연적인 현상인 것이다. 그러나 자기-암시나 암시로부터 생기는 결과를 초자연적인 현상이라고 생각하는 사람들은 히스테리를 마귀의 장난이라고 생각할 수도 있을 것이다. 그러나 정신의학에 관해서 조금이라도 아는 사람들에게 히스테리는 사탄과 아무 관계도 없는 것이다. 하지만 의학에서 벗어난 영역에서 히스테리 환자들은 귀신 들린 것이고, 그에 따르는 적당한 조치를 취해야 신경증이 나을 수 있다고 생각하는 사람들은 많이 있다. 그런 사람들은 히스테리 환자들이 혼수상태에 빠지거나 환상을 보는 것도 귀신들려서 생기는 현상이라고 주장한다. 그들은 히스테리 환자가 귀신이 들려서 혼수상태에 들어간다는 것이다. 그러나 히스테리는 귀신들린 것과 아무 관계없으며, 의학적으로 적당한 조치를 취하기만 하면 귀신이 나가는 것과 관계없이 상태가 호전되고 나을 수 있게 된다. 하지만 히스테리 환자들 주위에 있는 사람들이 히스테리는 귀신 들려서 그런 것이라고 주장하면 그들은 그것이 정말인 줄 알고, 정신의학에 관해서 잘 모르는 사람이 보기에는 완전히 귀신 들려서 그런 것 같은 증상을 보이게 된다. 그러므로 심리적으로 다른 사람들에게 쉽게 영향 받는 사람들에게 히스테리가 귀신 들려서 생기는 병이라거나 악마의 소행 때문이라고는 절대로 말하지 말아야 한다.

이 사실은 우리들에게 또 한 가지 질문을 던지는데, 그것은 우리가 히스테리 환자들 앞에서 어떤 태도를 취할 것인가 하는 점이다. 그에 대한 대답은 두 말할 필요도 없이 히스테리 환자들을 가급적이면 빨리 의학적 치료를 받게 해야 한다는 것이다. 히스테리가 고질이 되면 될 수록 환자들에게 삶의 고통에 맞설 수 있는 능력이 적어진다. 왜냐하면 그들에게 히스테리에서 벗어나려는 의지와 히스테리에서 나을 수 있다는 믿음이 적어지기 때문이다. 어떤 어린 아이에게 히스테리적인 기질이 발견되면, 그 아이가 자기 자신의 문제를 감당하고 자기 자신을 통제할 수 있도록 가르쳐야 한다. 그리고 그 아이가 상상력을 과장된 방식으로 발휘하지 못하도록 해야 한다. 또한 그 아이가 있는 앞에서 그의 병에 관해서 이야기하거나 그가 병에서 빨리 회복되어야 한다고도 말하지 말아야 한다. 그에게 너무 관심을 보이지도 말고, 잘못된 동정심을 보이지도 말아야 하는 것이다.

히스테리의 치료가 성공하려면 무엇보다도 먼저 히스테리 환자가 그의 치료자를 신뢰해야 한다. 또 한 가지 중요한 사실은 치료자와 환자 사이에 어느 정도 거리가 있어야 한다는 점이다. 왜냐하면 환자가 치료자를 너무 가깝게 느끼고 있으면 치료자가 히스테리 치료에 필요한 암시(la suggestion)를 시행해도 그것이 제대로 작동하지 않기 때문이다. 환자가 치료자의 치료법이나 처방하는 약에 대해서 전적인 신뢰를 보내지 않는 한 치료는 성공적일 수 없는 것이다.

히스테리 환자를 돕기 위해서는 히스테리가 발병하게 된 원인을 찾아보아야 한다. 그러나 히스테리 환자와 오랫동안 대화를 나누어 그의 성격을 완전히 파악하지 않는 한 히스테리를 촉발하게 된 근본적인 원인을 제대로 파악할 수 없다. 대부분의 경우에 있어서 치료자들은 히스테리를 치료한 경험이 있기 때문에 히스테리가 신체적인 질병이 아니라 환자들이 무엇인가 잘못 생각하기 때문에 생기는 것이라는 사실을 알고 있으며, 그 사실을 인내심을 가지고 환자들에게 설명해야 한다. 환자 편에서 이러한 깨달음이 생겨야만, 그는 그의 신체적인 증상이 사실은 그의 상상력에서 기인한다는 사실을 알고 그 둘 사이를 분리시키려고 하며, 그의 진정한 문제와 싸우려고 할 것이다. 그러는 대신, 그가 자신의 증상이 심리적인 것과는 아무 상관도 없이 신체적인 문제 때문에 생기는 것이라고만 생각하면 그를 돕지 못하게 된다.

히스테리의 본성에 관해서 설명하면서 한 걸음 더 나아가서 환자에게 그 자신에 관해서 깨닫게 한다면 히스테리의 치료에도 많은 도움이 된다. 그리고 치료자와 환자 사이에 충분한 신뢰관계가 형성되어 있다면, 치료자는 환자에게 히스테리 증상의 원천에 사실은 무의식적이며 이기적인 동기가 내포되어 있다는 사실을 솔직하게 말해 줄 수도 있을 것이다. 히스테리 환자가 만약에 히스테리 증상을 통하여 그가 순전히 이기적인 목적을 추구하고 있었다는 사실을 깨닫게 될 때 치료는 아주 간단하게 이루어질 수 있다. 하지만 불행하게도 사람들은 바로 그 점에서 귀를 닫고 들으려고 하지 않는다. 그의 증상이 비록 고통스럽기는 하지만 그에게 건강한 것보다 더 많은 이득을 가져다주는 것처럼 보이기 때문인지, 아니면 그가 그런 상태에 너무 익숙해 있어서 도무지 나을 수 없다고 생각해서 그런지 모르지만, 도무지 그런 이야기를 들으려고 하지 않는 것이다.

하지만 사람들은 치료자가 그런 사실을 말해줄 수 있어야 한다고 주장한다. 그럼에도 불구하고 히스테리 환자는 또 다른 증상을 나타내면서 여간해서는 그의 이기적인 목적을 포기하지 않으려고 한다. 이렇게 히스테리 치료 과정에서는 치료자와 환자 사이에 엎치락뒤치락하는 일이 자주 일어나는 것이다. 그래서 치료를 시작한 지 얼마 되지 않는 환자는 보통 치료자에게 좋은 영향을 더 잘 받고 그것을 통하여 그의 증상들에서 더 빨리 치료받을 수 있다. 그때 치료자는 무슨 수를 써서라도 환자에게 부족해 있는 치유에의 욕망을 일깨워야 한다. 그는 히스테리 환자가 그의 자아중심성에서 해방되고, 병든 상태가 괴로운 상태라는 사실을 깨닫게 하며, 빨리 회복되어야 한다는 사실을 알게 해야 하는 것이다.

이렇게 의학적인 치료가 행해진 다음 영혼의 치료(la cure d'ame)가 행해지면 대단히 바람직하다. 영혼의 치료에서 치료자들은 그가 히스테리 상태 속에 있는 것은 "죄"(la peche)라는 사실을 알게 하고, 그를 자아중심성에서 해방시킬 수 있는 유일한 분은 하나님이라는 사실을 깨닫게 하며, 그를 하나님께 인도해야 한다.

이에 덧붙여서 영혼의 치료는 그가 삶에 대한 의욕을 되찾게 해주는 방향으로도 행해져야 한다. 결론적으로 말해서, 히스테리 환자들은 하나님의 도움을 통해서 삶으로부터 도피하기보다는 삶의 어려움에 맞설 수 있는 방법을 배워야 하고, 그가 여태까지 형성시켜왔던 잘못된 성향들을 분쇄하도록 훈련받아야 하는 것이다. 그의 인격의 전반적인 측면들을 겨누고 있는 이런 모든 심리적인 교육은 무엇보다도 중요한 것이다. 하지만 히스테리 치료에서 눈앞에 보이는 증상들만 없애려고 이런 근본적인 측면을 도외시한다면, 환자들은 또 다시 재발하게 되는데 그 이유는 그에게서 히스테리를 유발시켰던 정신상태에 아무 변화가 없기 때문이다.

   히스테리 환자를 공상가나 거짓말쟁이나 망나니 같은 사람이라고 생각해서 그들을 꾸짖기만 한다면, 그것은 대단히 잘못된 일이다. 그 대신에 매우 신중한 태도를 가지고 그를 이해하고 정중하게 대해주어야 한다. 치료자가 마치 가족이 된 것처럼 엄격하면서도 친절하게 대해야 하는 것이다. 그래서 환자의 인격에 대한 교육은 생각하지 않고 그를 강압적으로 대하거나 그를 손아귀에 넣으려고 한다면, 환자의 증상은 더욱더 악화되고 말 것이다.

   많은 경우에 있어서 환자의 삶의 틀을 바꾸어주는 것은 치료에 많은 도움을 준다. 왜냐하면 그의 주위에 있는 사람들이 그에게 좋지 않은 영향을 끼치기 때문이다. 그들이 그의 증상에 대해서 안쓰럽게만 생각하거나 호기심을 가지고 대한다면 그의 증상을 악화시키고 마는 것이다. 그러므로 히스테리의 치료에 다른 왕도는 없고 그가 서 있는 자리에서 출발하는 수밖에 없다. 그가 좋아하는 일을 한다거나, 다른 사람들을 위해서 봉사한다거나, 약혼을 하는 일등은 그에게 자기 자신에 대한 관심에서 벗어나 새로운 일에 몰두하게 함으로써 치료의 효과를 가져 올 수도 있다.
　우리가 이런 원칙들을 지켜가면서 환자들을 돌볼 때 아무리 오래 된 히스테리 증상이라도 비교적 단시일 내에 곧 사라질 수 있으며, 적어도 그 증상이 상당히 완화될 수 있을 것이다. 치료자들은 히스테리 환자들을 치료하면서 그들의 내면에는 아주 착하고 감사할 줄 아는 마음이 있다는 것을 종종 발견하게 되는데, 그들이 히스테리에 걸린 것은 그들이 주위에 있는 사람들에게 사랑을 받지 못했기 때문인데, 이제 히스테리에서 회복되자 곧 다른 사람들을 위해서 기꺼이 희생하게 되는 모습을 보고 행복감을 느끼기도 한다.

정신신체장애

　건강염려증과 히스테리에 관해서 설명하면서 우리는 심리적인 문제가 신체적인 증상을 일으킬 수도 있다는 사실을 지적하였다. 어떤 신경증은 정신적인 측면에서 문제를 일으킬 뿐만 아니라 우리 신체의 어떤 기관에도 문제를 일으킬 수 있다는 사실을 알게 된 것이다. 그 경우 우리는 그것을 정신신체장애라고 부른다. 이런 종류의 신경증 환자들은 건강염려증 환자들처럼 그들이 어떤 병에 걸리면 어떻게 하나 하는 두려움을 가지고 있기 때문에 정신신체장애자가 된다. 또 다른 경우 어떤 사람들은 히스테리적인 기질을 가지고 있거나 어떤 특정한 심리적인 목적이 있기 때문에 정신신체장애가 생기기도 한다. 우리가 앞으로 이 장(章)에서 살펴보려는 정신신체장애는 건강염려증이나 히스테리와 관계없이 순전히 정신적인 문제 때문에 생긴 것이라고 생각되는 경우들이다. 여기에 속하는 신경증들은 다른 신경증들과 마찬가지로 심리적인 문제 때문에 생긴 것이지만, 그 나타나는 부위가 정신의 영역이 아니라 신체적인 영역이라는 특성이 있다.

 인간의 몸과 정신은 매우 밀접한 관계에 있기 때문에 정신적인 문제가 신체적인 증상을 일으킬 수 있다는 사실은 놀라운 일이 아니다. 우리 신체의 모든 기관들은 신경망을 통해서 우리 두뇌와 연결되어 있기 때문에 정신체계의 영향을 받지 않을 수 없는 것이다. 그러므로 우리가 어떤 사태 앞에서 거친 정동을 느꼈다면, 그것이 아무리 작은 것일지라도 우리 몸 전체를 위축시키고 신체 내 각 기관들에 영향을 미쳐서 제대로 작동하지 못하게 한다. 하지만 그 영향은 사람에 따라서 다르게 나타난다. 어떤 사람에게는 이 기관, 다른 사람에게는 다른 기관에 영향을 미치는 것이다. 그런데 그 기관들은 그 사람에게 가장 저항이 적은 기관이기 쉽다. 정신신체장애는 다른 모든 신경증과 마찬가지로 환자의 기질적인 소인(素因)에 영향을 많이 받는데, 증상이 나타나는 부위는 그가 가장 약하게 타고난 기관이다. 여기에서 우리가 알아두어야 할 것은 사람들의 신체기관은 유전적인 요인 때문에 그가 당하고 있는 충격에 똑같이 저항할 수 있는 것이 아니라는 사실이다. 예를 들어서 말하자면, 어떤 가족의 구성원들은 모두 선천적으로 심장이나 위를 약하게 타고 날 수 있는 것이다. 그래서 심리적 충격을 심하게 받을 경우 그 충격이 몸으로 전해져서 그 부위에 여러 가지 문제를 일으킬 수 있는 것이다.

 유전적인 요인 이외에 사람들이 어떤 기관을 소홀히 다루거나 혹사시킬 경우 그 부위에 정신신체장애가 나타날 수 있다. 왜냐하면 그 요인들이 합쳐져서 문제가 되는 기관이 더 이상 버틸 수 없게 만들기 때문이다. 그래서 어느 사람이 술을 과도하게 섭

취하거나 담배를 심하게 피워서 위를 못살게 굴거나 운동을 과도하게 해서 심장을 혹사시킨다면, 머지 않아 약하게 된 기관을 통해서 정신신체장애가 나타나게 된다.

  그 이외에 여러 가지 심리적인 문제들 역시 이런 종류의 신경증을 유발시킨다. 예를 들어서 말하자면, 다음과 같은 정동 상태들은 정신신체장애를 잘 일으키는 대표적인 정동들이다 : 불안, 초조, 의기소침, 낙담, 근심, 죄의식, 내적 갈등, 지금보다 더 나은 위치에 있어야겠다는 욕구, 열등감 등이 그것이다. 우리 신체기관이 유전적인 요인 때문이나 혹사 때문에 약해져 있을 때, 정동의 상태가 어떤 원인에서든지 격하게 되면 정신신체장애가 생길 수 있다. 물론 사람들이 경악하거나 신경이 과민해 있거나 또 다른 원인에 의해서 정동의 상태가 그와 비슷한 상태에 있을 때 신체기관은 잠시 동안 흔들릴 수도 있다. 그러나 그런 것들까지 정신신체장애라고 부르지는 않는다. 그것들은 다만 정상적인 반응일 뿐이다. 그것은 어떤 사태를 당해서 사람들의 마음이 심리적으로 잠시 흔들렸을 때, 그것을 신경증이라고 하지 않는 것과 마찬가지이다. 왜냐하면 그런 것들은 정상적인 사람들에게서도 있을 수 있는 상태이기 때문이다. 우리가 정신신체장애라고 부르는 것은 어떤 장기화된 충격 때문에 신체의 일부분이 장기적으로 또는 정기적으로 위축되는 경우이다(사람들은 그것을 고착이라고 부른다).

  또한 정신신체장애는 처음에 그 증상을 불러일으켰던 정동 상태로부터 분리되어 점점 더 그 정동과 관계없이 지속된다는 사실도 지적해야 한다. 그래서 정신신체장애 환자는 그에게 그 장애를 불러일으켰던 정동 상태에 대해서 알지 못하는 경우가 많다. 그에게 그 증상을 일으켰던 심리적 요인이 끊임없이 작용하고 있을지라도, 그것들은 그의 무의식에 억압되거나 완전히 망각

되는 경우가 많은 것이다. 우리 무의식 속에 아직 해결되지 않은 긴장이나 갈등들이 많이 쌓여있으면 쌓여있을수록 그 증상들은 더 강하게 나타난다. 그러므로 그런 무의식적 요인들에 대해서 알지 못하는 사람들이 신체적인 고통을 심하게 느끼고, 그 고통에 대해서 고민하는 것은 놀라운 일이 아니다.

그러면 정신신체장애에 취약한 기관들은 어느 것인가? 우선 심장이 있는데, 심장은 특히 밤중에 심리적인 충격을 받을 경우 매우 예민하게 반응한다. 그래서 심장의 박동수가 아주 빨라지거나 압박감을 심하게 느끼거나 심장의 모든 부분에서 통증을 느끼게 된다.

어떤 젊은 여자는 종종 심장에 통증을 느꼈는데, 그 원인은 알 수 없었다. 그런데 우리가 그녀와 대화를 나눈 결과 그녀는 최근에 감정적으로 심하게 충격을 받은 일이 있었다. 그녀는 어떤 사람에게 완전히 기만당했던 것이다.

어떤 부인은 어느 날 밤중에 강도가 들어와서 심장이 두근거리면서 아주 죽을 것만 같은 불안감을 느낀 적이 있다. 그 후 그녀는 밤중에 종종 아무도 없는데 그와 똑같은 증상을 느끼곤 하였다.

우리의 위장관(胃腸管) 역시 강한 정동에 예민하다. 그래서 입맛을 잃는다든지, 위통이나 위경련을 일으킨다든지, 트림을 자꾸 한다든지 구토증을 일으킨다든지, 변비나 설사를 한다든지 하는 것들은 신경증 때문에 생기는 것일 수 있다.

어떤 젊은 여자 아이는 그의 친구가 그녀에게 매우 커다란 손해를 끼친 것에 대해서 용서할 수 없었는데, 그 일이 있은 다음 엄청나게 배가 아팠다. 그녀에게 그 통증이 사라진 것은 그녀가 그 친구에 대한 원한을 버린 다음이다.

어떤 젊은 여사원은 사장으로부터 야단을 심하게 맞은 다음 구토증을 일으켰다. 그 다음부터 그녀는 사장이 무슨 일을 시킬 때마다 구토증을 느끼곤 하였다.

우리 폐와의 관계에서도 호흡을 곤란하게 하는 신경성 천식 역시 신체형 장애 신경증으로 분류될 수 있다. 수많은 천식증들 역시 심리적인 불균형 때문에 생기는 것이다.

어떤 부인은 그녀의 남편이 출장 때문에 밤에 들어오지 않을 때마다 천식으로 고통을 당했는데, 그것은 그녀의 남편이 혹시라도 교통사고를 당하지 않을까 하는 그녀의 불안 때문이었다.

성적인 측면에서도 정신신체장애는 종종 발견된다. 특히 남성의 경우 발기부전이나 여성의 경우 생식과 관계되는 많은 문제들인 생리불순, 생리중지, 생리통, 생리과다 등이 이에 해당되는데, 이 증상들의 대부분은 어떤 불안이나 환상 때문인 경우가 많다. 생리통은 보통 여자 아이들이 생리를 처음 시작할 때 생기는 경우가 많은데, 그때 아이들은 생리에 대해서 준비가 되어 있지 않아서 생리에 대해서 공포를 느끼거나 혼란에 빠지기 때문이다. 그때 생긴 충격은 그녀의 생식기관을 심하게 위축시키고, 그것은 나중에 적당한 처치를 받지 않는 한 수 십 년 동안 통증의 원인이 된다.

관상동맥질환이나 손발이 차다든지 땀이 비정상적으로 많이 난다든지, 현기증을 잘 느낀다든지, 두통이 심하다든지, 불면증, 안면근육의 경련을 일으킨다든지, 언어나 호흡의 곤란을 느끼는 것들 역시 심리적인 문제 때문에 생기는 위축이나 경련들이라고 할 수 있다.

어떤 여자는 말을 할 때 종종 공기가 희박한 것 같은 느낌을 가졌는데, 그것은 그녀가 죽음에 대한 공포를 느낄 때마다 그러는 것임이 밝혀졌다.

어떤 사람은 유성음 h로 시작하는 단어를 발음할 때면 종종 말을 더듬곤 했는데, 그 이유는 그가 옛날에 친구들과 함께 Halleluja라는 말이 들어가는 외설스러운 노래를 부른 적이 있었기 때문이다. 그 후 그는 신앙인이 되었는데, 그 때의 일로 죄의식을 가지게 되었다. 그래서 그는 h로 시작하는 단어를 제대로 발음하지 못했던 것이다.

어떤 여자는 그녀의 남편이 잠꼬대를 하면서 다른 여자의 이름을 부르는 소리를 듣고 잠이 깨었다. 그 후 그녀는 질투 때문에 잠을 자지 못했는데, 그것은 남편이 누구를 부르는지 들으려고 무의식이 그녀를 재우지 않았기 때문이다.

심리적인 충격은 피부에도 영향을 미친다. 그래서 어떤 발진들은 심리적인 충격 때문인 경우가 많다.

어떤 젊은이는 그가 의식적으로나 무의식적으로 예민해질 때마다 손에 발진이 많이 생기는 것을 보고 위축이 되었다. 그러나 그 발진들은 그가 안정을 찾는 순간 곧 사라지곤 하였다.

어떤 경우 정신신체장애가 나타나는 부위는 그 사람이 어떤 경험을 하느냐에 따라서 결정되기도 한다.

화를 잘 내는 어떤 아버지는 화가 날 때마다 그의 딸에게 목을 잘라버릴 것이라고 위협을 했다. 그 후 그 딸은 종종 꿈에서 어떤 사람이 그녀의 목을 잡는 꿈을 꾸었고 그 사람이 목을 잡을 때마다 통증을 심하게 느꼈다. 결혼을 한 다음 그녀는 그녀의 남편이 그녀의 목을 손으로 감는 것이 너무 아파서 참을 수 없었다. 때때로 그녀는 딱딱한 약을 삼킬 때 심한 통증을 느꼈는데, 몇 년 전 사과를 먹다가 사과 조각이 목에 걸려서 질식할 뻔했기 때문이다.

정신신체장애는 사람들이 보통 생각하는 것보다 훨씬 더 많이 발견되는데, 사실을 말하자면 신체적인 질병의 경우보다 더 많이 발견할 수 있는 것이다. 그러나 환자들이나 그의 가족들은 정신신체장애들이 신경증이라고 생각하지 않는다. 그들은 정신신체장애가 순전히 신체적인 질병이라고 생각하여 그 증상을 심각하게 생각하거나, 과로에서 오는 신경쇠약으로 생각하거나, 공상적인 병이라고 생각하여 그 심각성을 무시하기도 한다. 하지만 정신신체장애 환자들은 신체적인 질병에 걸린 사람들 못지않게 고통을 심하게 느낀다. 그들의 고통은 몇 개월에서부터 몇 년까지 지속되는 경우도 많다. 따라서 정신신체장애 환자가 좋은 치료자를 만나서 올바른 처치를 받기 전까지 자신의 고통이 기묘한 것이라고 생각하면서 걱정을 많이 하게 된다.

정신신체장애 환자들을 치료하기 전에 치료자들은 그들이 하는 말을 열심히 듣고 그들이 실제로 신체적인 질병 때문에 고생하고 있지 않다는 확신을 얻어야 한다. 왜냐하면 우리가 어떤 사람을 심리학적인 입장에서 치료하려면 그에게 신체적인 질병이 전혀 없다는 확신을 가진 다음에야 비로소 가능하기 때문이다. 정신신체장애는 신체적인 질병도 아니고, 신경계통에 문제가 있어서 생긴 질병도 아니다. 그것은 단지 심리적인 문제 때문에 생긴 질병이다. 그러므로 그것을 확인한 치료자는 환자의 증상 뒤에 있는 심리적인 원천을 찾아야 한다. 이때 그의 증상과 그가 과거에 가졌던 격한 정동 사이에 어떤 관계가 있다는 사실을 발견하기란 그렇게 어려운 일이 아니다. 그래서 대부분의 경우에 있어서 치료자들은 환자를 그의 고통으로부터 곧 해방시켜줄 수 있다.

치료자들이 정신신체장애 환자의 신체적인 문제의 기원이 되는 정동을 제대로 찾아내려면, 그는 심리학에 정통해 있어야 한다. 치료자들이 문제가 되는 정동을 제대로 찾지 못하는 것은 그 환자들이 그들의 고통은 순전히 신체적인 것으로서 정동과 아무 관계도 없는 것이라고 확신하기 때문이다. 더구나 그는 여태까지 신체적인 측면에서만 치료를 받았을 뿐 정신적인 측면에서는 아무 치료도 받지 않아서 더욱더 그렇게 생각한다. 하지만 그의 치료가 신체적인 측면에서만 행해져왔기 때문에 그의 병은 더욱더 악화되었다. 사정이 그렇기 때문에 정신적인 측면에서 접근하려는 치료자의 시도는 커다란 저항에 부딪힐 수도 있다. 더구나 환자들은 치료자가 그의 내밀한 삶에 침입한다고 불평하는 경우도 많다. 어떤 환자는 자기가 정신질환에 걸렸다는 사실에 대해서 수치심을 느끼기도 한다. 그래서 사람들은 치료자가 그들의 정신체계에 관심을 기울이기보다는 그에게 약을 처방해주든지 다른 치료법을 시행해주기를 더 바란다.

그러나 치료자는 병을 근원에서부터 치료해야 한다. 진통제나 진정제를 처방하거나 정신건강을 증진시키는 방향으로 살아야 한다고 권면하는 것은 그 증상을 잠시 완화시킬 뿐 근본적인 치료가 될 수 없는 것이다. 온천욕을 권하거나 좋은 공기를 쏘이기를 권하는 것 역시 환자들에게 부담만 줄 뿐 그들을 신경증에서 해방시키는 길은 되지 못한다. 그러므로 정신치료자들은 그들의 의무를 소홀히 해서는 안 된다. 오히려 그는 필요한 경우 정신치료 기법이나 정신분석이나 슐츠의 자율훈련이나 암시요법 등을 사용하는 등 여러 가지 정신치료를 행해야 한다. 그런 방법들을 통해서 환자들은 과거로 돌아갈 수 있으며, 어린 시절의 무의식이 떠올라 무의식으로부터 해방되고, 긴장에 가득 찼던 정신체계에서 긴장이 풀리고 그 증상들은 점점 더 사라지게 될 것이다. 그러나 표면적인 증상이 사라졌다고 해서 신경증이 완전히 치료된 것은 아니다. 정신신체장애의 경우, 환자들의 내면에서 근본적인 변화가 생기지 않고, 인생관이 좀더 높은 단계로 고양되지 않는 한 언제나 재발될 위험성이 있다. 그가 좀더 안정된 가운데서 살고 그의 몸의 여러 가지 기관들이 제대로 작동하려면 그가 영적으로 더 높은 단계에 올라와 있어야 하는 것이다.

정신치료자들은 그들에게 진료를 청하는 환자들을 병리적인 속성이 다분한 내적 갈등으로부터 완전히 해방되게 하지 않고, 그들이 자기 자신은 물론 다른 사람들과의 관계에서도 균형을 이루는 삶을 살 수 있도록 도와주지 못하는 한 그들에게 맡겨진 숭고한 책임을 완수했다고 할 수 없다. 그러기 위해서 그들은 사람들에게서 몸과 마음은 하나의 통일체를 이루며 작동하고 있다는 사실을 명심해야 한다. 그 환자들이 내적인 갈등으로부터 해방될 때, 치료자들과 환자들은 치유가 도저히 불가능하리라고 여겨졌던 고통이 사라지는 것을 보고 진정한 기쁨을 느낄 수 있을 것이다.

기독교 신앙과 신경증

우리는 앞 장에서 신경증에는 종종 종교적인 내용들이 뒤덮여 있을 수 있다는 사실을 살펴보았다. 그러므로 여기에서 우리는 관점을 달리하여 기독교 신앙이 신경증을 불러일으킬 수 있는가 하는 점에 관해서 질문해야 한다. 이러한 질문들은 일부 비기독교적인 사람들이 기독교에 대해서 비판하는 점이기 때문이다. 그 사람들은 기독교 신앙이 본래부터 신앙인들을 흥분시키고 혼돈에 몰아넣거나 종교적인 광분상태에 빠뜨리고 엑스타시 상태에서 말하게 하고, 환상을 보게 하며, 때때로 환청을 듣게 한다고 비난한다.

그러나 그런 비난은 결코 정당화될 수 없다. 왜냐하면 어떤 사람에게 정신질환이 생겼고 거기에서 종교적인 특성이 발견된다면, 그것은 한편으로는 그에게 유전적으로 정신적 결함이 있기 때문이고, 다른 한편으로는 그가 정신 이상을 일으킬 무렵 종교적인 질문을 심각하게 했기 때문일 것이다. 그러므로 그런 경우 정신질환자들에게서 종교적인 특성이 발견되는 것은 놀랄 만한 일이 아니다. 더구나 우리는 정신질환자들이 종교적인 망상을 가진 것을 종종 볼 수 있는데, 그 질환이 순전히 기질적인 원인 때문에 생긴 것일지라도 그러하다. 하지만 가장 명망 있는 정신과 의사들은 종교체험이 정신질환을 일으킨다고는 생각하지 않는다.

이제 기독교 신앙이 사람들에게 신경증을 불러일으킬 수 있는지 살펴보도록 하자. 많은 사람들은 기독교 신앙이 사람들에게 공포심을 불러일으킨다고 비난한다. 특히 기독교는 사람들에게 무시무시하고 영원한 형벌에 대해서 주장하고 그런 벌을 받는 원인에 대해서 이야기함으로써 마음 약한 사람들의 정신체계에 커다란 위해를 가한다고 주장한다. 그래서 지옥에 대한 생각은 아이들에게 삶은 기쁜 것이라는 생각을 가지지 못하게 하고 불안 신경증을 촉발하는 경우도 많다고 덧붙인다. 기독교 가정에서 교육적인 목적을 위하여 악마에 대한 두려움을 주입시키는 것은 그렇지 않은 가정에서 아이들이 말을 잘 듣도록 하기 위해서 도깨비에 의한 위협을 주입시키는 것만큼 정신 건강에 해롭다. 아이들이 잠자기를 어려워하거나 잠이 들어서도 악몽을 꾸는 것은 그런 교육들 때문이고, 그것은 어른이 된 다음에도 상당한 기간 동안 영향을 미친다.

우리는 이런 비난들을 결코 가볍게 넘겨서는 안 된다. 잘못된 기독교 교육은 어떤 아이들의 정신에 좋지 않은 영향을 미치는 것이 사실이다. 악마나 지옥에 관한 이야기들, 특히 그것들이 아주 무시무시하고 실감이 나게 묘사될 때 많은 아이들은 그것이 진짜인 줄 알고 무서워한다. 그러므로 아이들이 말을 잘 듣지 않는다고 해서, 지옥에 간다고 위협하든지 영원한 형벌을 받는다고 해서는 안 된다. 현명한 교육자들은 그런 잘못을 저지르지 않고, 또 그에게 올바른 신앙이 있다면 그것이 기독교의 잘못 때문만은 아니라는 사실도 잘 알고 있다.

또한 우리는 그런 것들에 영향을 받는 아이들은 이미 신경증적인 소질(素質)을 타고 난 아이들이라는 사실도 지적해야 한다.

잘못된 종교교육의 영향 때문에 불안 신경증에 걸리는 아이들은 이미 병적으로 과민한 감수성을 타고 난 아이들인 것이다. 정신이 건강한 아이들도 지옥에 대한 이야기를 들을 때는 잠시 무서워하기는 하지만, 그것이 오랫동안 남아서 영향을 미치지는 않는 것이다.

물론 어떤 사람이 그의 신앙 때문에 신경증에 걸리는 경우도 있을 수 있다는 사실을 부정하지는 못한다. 필자도 어떤 사람들의 경우 그들의 신경증이 종교체험과 밀접한 관계에 있다고 생각한다. 어떤 사람들은 회심체험을 한 다음 하나님의 거룩성 앞에서 정말로 두려움을 느끼기도 한다. 그들은 하나님의 현존을 느끼면서 양심의 갈등을 느낄 때나 어떤 잘못을 저지른 다음 회개해야겠다는 생각에서 정말로 불안해하고 마음이 흔들리는 것이다. 또 다른 경우 회심체험을 통하여 양심이 깨어난 다음, 어떤 사람들은 성경을 읽을 때나 예배를 드릴 때나 성찬식을 할 때 이상한 생각에 사로잡히기도 한다. 더구나 양심이 몹시 예민한 사람인 경우 기독교 신앙은 종종 강박적이고 충동적인 두려움의 원천이 된다. 왜냐하면 자기 자신을 하나님 앞에 바친 이상 조금도 잘못을 저질러서는 안 된다는 생각에서 자기가 저지를 잘못을 침소봉대하기 때문이다.

제 2 장

불안으로부터의 해방

현대인의 질병인 불안

이 세상에서 불안보다 널리 퍼져 있는 질병은 없을 것이다. 불안은 아마 지구상에서 가장 널리 퍼진 질병이라고 할 수 있는 것이다. 불안은 인류의 역사만큼이나 오래된 것으로, 에덴 동산에 살던 아담과 이브도 느꼈으며, 그때부터 오늘에 이르기까지 모든 사람들에게 이어져 내려왔다. 그러나 현대인들은 옛날 사람들보다 불안에 노출된 경우가 더하면 더했지, 덜하지는 않을 것이다. 오히려 현대에 이르러서 불안은 더 자주 나타난다고 할 수 있다. 불안은 원시 사회에서나 문명이 발달한 곳에서나 똑같이 나타나고, 어른이나 아이나 할 것 없이 나타나는 것이다. 아무리 사람들이 불안을 부정한다고 할지라도, 더구나 사람들이 평온하고 조용한 주변 환경에 의탁한다고 할지라도 불안은 그를 짓누르려고 한다. 이 사실은 가장 용기 있는 사람도 인정해야 한다. 용기 있는 사람이 불안을 느끼지 않는다면, 그것은 그가 불안을 이겼기 때문이지, 불안을 느끼지 않았기 때문은 아니다.

불안은 널리 퍼져있을 뿐만 아니라, 모든 사람들을 뒤덮고 있다. 사람들의 정신을 안에서부터 온통 뒤엎어버릴 수 있는 것이다. 정서불안과 짜증, 기분이 침체되는 것과 불안정감, 결정을 내리거나 집중을 할 수 없는 것, 타인을 두려워하는 것, 좌절감, 삶에 대한 혐오는 많은 경우 불안을 동반하곤 한다. 또한 불안은 꿈에서까지 사람들을 쫓아오고 수면을 방해한다. 게다가 우리의 내장 기관, 특히 심장과 위와 오장육부는 불안에 의해서 대단히 쉽게 교란되곤 한다. 현대에 들어서 자주 나타나는 심장질환과 순환계통의 문제는 불안과 관련되어 있는 경우가 많다. 불안은 신경체계에 해로운 영향을 끼치고 있으며, 우리 몸에서 매우 중요한 역할을 하는 호르몬 계통에 많은 영향을 주고 있는 것이다. 불안은 여러 가지 호르몬 계통에 작용해서 사람들의 얼굴이 창백해지거나, 땀을 많이 흘리거나, 어지럼증을 느끼거나 경련을 일으키게 하는 등 몸의 균형을 해치는 여러 가지 장애를 유발하는 것이다. 사실 불안은 그 어느 다른 육체적인 고통보다 끔찍한 것이다.

그런데 불안은 사람들이 살아가는 방향을 결정하는 것을 볼 수 있다. 이스라엘의 초대 왕이었던 사울의 예를 보면 우리는 이 사실을 실감할 수 있다. 그는 젊어서는 왕위에 대한 불안을 심하게 느꼈고, 나이가 든 다음에는 경쟁자인 다윗을 향한 질투 어린 두려움을 느꼈으며, 그 다음에는 그와 동맹을 맺었던 사람들과 적의 손에 체포될 지도 모른다는 두려움을 끊임없이 느꼈다. 어쩌면 그가 자살했던 것은 불안한 삶의 당연한 결론인지도 모른다. 그래서 지혜로운 사람이었던 시락은 사람이 태어나면서 죽을 때까지 불안의 마수가 얼마나 많은 영향을 미치고 있는지를 자세하게 기록하였다(시락서 40, 1-9).

많은 경우, 사람들은 자신의 불안을 의식하지 못한다. 그러나 사람들이 짓눌렸다는 느낌을 가지거나 걱정, 근심 때문에 마음이 편하지 않거나 열병 증세가 있거나 신경계통에 장애가 있거나 불안한 꿈들을 꾸거나 여러 가지로 이상한 증세를 보인다면 그것은 무의식적으로 상당히 불안해 있다는 표시이다. 그러나 불안이 인간의 삶에서 커다란 비중을 차지하고 있음에도 불구하고, 사람들은 자기의 불안한 감정을 드러내기를 주저한다. 다른 사람들이 자기를 약하게 생각할까 보아서이다. 다른 사람들 앞에서 우리는 가면을 쓰고 살며, 우리를 마음껏 맡기지 못하는 것이다. 부부들조차도 자신의 불안한 마음을 속일 때가 많다. 이 세상에는 불안이라는 짐을 질질 끌고 다니면서 그것을 절대 내려놓지 않으려고 하는 사람들이 대단히 많은 것이다.

불안은 다양한 형태로 나타나는데, 우리는 그것을 다음과 같은 네 가지 형태로 나누어볼 수 있다 : 첫째 죽음에 대한 불안, 둘째 죄책감으로 인한 불안, 셋째 '자기'에 대한 위협으로 인한 불안, 넷째 선천적인 불안 등이 그것이다. 우리가 불안을 이렇게 구분하면, 우리는 불안에 대해서 더 명확하게 살펴볼 수 있으며, 불안을 극복하는 방법을 더 잘 찾을 수 있을 것이다.

죽음에 대한 공포

우리는 여기에서 우리의 생명을 위협하는 불안을 보게 되는데, 이 불안은 인간의 불안 가운데서 가장 널리 퍼져 있는 불안이다. 그 불안은 우리 모두를 살아 움직이게 하는 자기 보존의 본능 형태로 나타난다. 이 불안 앞에서 우리 모두는 그 주인공이 된다. 누가 자신의 삶은 위협받지 않는다고 말할 수 있겠는가? 과학과 기술의 발달은 인간의 불안을 덜어주기는커녕 더욱더 악화시켰다. 인류 역사상 우리 실존이 지금만큼 노출된 적은 없기 때문이다.

불안의 기반

이런 불안의 밑바닥에는 세상의 어려움과 그에 따르는 고통들, 직장이나 가족이나 부부관계에서의 끊임없이 요구받는 것들, 자신에게 주어진 일을 할만하지 않다는 생각들, 불운과 역경, 자연의 힘이나 천둥 번개와 지진 등에 대한 두려움이 자리 잡고 있다. 이런 것들 말고도 많은 나라에서는 감금에 대한 두려움과 비행기 납치 사건에 대한 불안이나 인질극에 대한 두려움이 만연되어 있다. 또한 수많은 사람들은 그들의 목숨을 빼앗으려는 정권으로부터 도망 다니고 있다. 마찬가지로 근래 일어나는 범죄 사건들이나 살인 사건들은 우리의 치를 떨게 한다. 그렇지 않으면 우리를 끊임없이 괴롭히는 길고 회복 불가능한 병들에 대한 공포— 특히 암에 대한 공포 — 는 우리가 과연 이런 고통들을 견딜 수 있을지 두려워하게 한다. 많은 사람들에게는 다른 사람들이나 상관들이 그들에게 적의를 갖고 있지나 않은가 하는 두려움도 있다. 그리고 우리가 마주하게 될 미래에 대한 불확실함은 모든 사람들에게 많은 고민을 안겨 준다. 다음에서 우리를 기다리고 있을지도 모르는 피할 수 없는, 끔찍한 일들에 대해서 살펴보도록 하자.

  자신의 상황이 안전하다고 생각하는 사람에게도 그가 그토록 힘들게 쌓아온 것들을 한꺼번에 잃을 지도 모른다는 끔찍한 공포가 엄습할 수 있다. 자신만 아니라, 자신의 가족이나 친지나 민족이 한꺼번에 없어질 수 있으며, '서양의 몰락'은 내일 올지도 모른다. 그런 종류의 두려움은 우리 세대의 당연한 특징이다. 미사일이나 핵 폭탄이 주된 역할을 하게 될 제3차 세계 대전에 대한 생각은 많은 사람들을 끈질기게 쫓아다니는 불안의 원천이 된다. 국제관계의 전문가들은 가까운 미래에 이런 전쟁이 일어날 수도 있다고 보기 때문이다.

  인구 폭발의 가능성도 우리를 공포에 떨게 하기에 충분하다. 우리는 30년 정도가 지난 다음 지구의 인구는 지금보다 두 배 정도로 증가하여 기아를 피할 수 없으리라는 사실을 잘 알고 있다. 또 다른 위협은 공기의 오염이다. 많은 조사 결과들은 자동차들이 많은 대도시들에서 배기가스로 인한 공기의 오염 때문에 평균 수명이 몇 년씩이 단축되었다는 사실을 알게 해준다. 또한 우리 자신이나 우리 친지들에게 닥칠지도 모르는 죽음에 대한 두려움과 곧 임종을 맞이할지도 모른다는 고통에 대한 두려움은 특별한 종류의 두려움이다. 그렇기 때문에 우리는 병이 깊게 든 사람 앞에서 죽음에 대해서 말하는 것을 본능적으로 불편해한다. 하나님으로부터 가장 멀리 떨어진 사람조차 가끔씩, 아니면 깊숙한 곳에 죽음 뒤에 또 다른 삶이 있을지도 모른다는 초조함을 느끼고 있으며, 어떤 '신'이 있을지도 모른다는 생각 때문에 불안해한다.

　많은 사람의 경우 특별한 형태의 불안은 커다란 역할을 한다. 인간의 삶을 위협하는 마술적인 힘들이 주는 두려움이 그것이다. 그들은 특히 건강한 상태에 있을 때 언제 어둠의 세력들 때문에 불길한 일이 생기지 않을까 두려워한다. 그래서 사람들은 여러 가지 부적을 만들어 차고 다니거나, 수많은 미신들을 믿고 그대로 실행하거나, 점쟁이들이나 점성술사들을 찾아다닌다. 그러나 그들은 이러한 방법을 통해서 나쁜 점괘가 나와 오히려 처음보다 몇 배나 더 심한 불안감에 빠지기도 하는데, 불행하게도 그것을 깨닫는 것은 그들이 이미 막대한 피해를 본 다음이다. 문명이 발달했다는 나라들에서도 1년간 수백 억 원이 점쟁이들의 손에 들어간다는 사실은 놀라운 일이 아닐 수 없다. 무신론자들에게 불안은 더욱더 고약한 형태를 띤다. 그 사람들은 자기네들이 만들어 놓은 우상에 대한 끊임없는 공포 때문에 밤에 밖으로 나갈 엄두를 내지 못하는 경우가 많고, 자기네들이 만든 '신'의 보호를 얻기 위해서 그 우상들에게 여러 가지 선물을 바치고 헌신을 하게 된다.

　사람들은 보통 여러 가지 위협으로 가득 찬 냉정한 현실을 보지도 않고, 듣지도 않을 수 있는 어떤 비밀스러운 은신처를 가지기를 원한다. 그 모든 두려움들이 자기를 향해서 내려오거나, 어느 날 갑자기 그의 앞에 나타날지도 모른다고 생각하면서 두려워한다. 이렇게 사는 것에 대한 두려움이 그에게 아주 나쁜 문제들을 불러일으키는 것은 당연한 일이다. 사람들이 얼마나 이 세상을 사는 것을 두려워하고, 이로 인해 괴로워하는지는 나날이 폭증하는 자살율을 살펴보면 알 수 있을 것이다.

불안 극복을 위한 성경 말씀

성경은 이런 형태의 불안은 보편적인 것이라고 말하고 있다. 성경에 나오는 하나님의 사람들조차 이런 불안을 여러 번이 겪었다. 이세벨 여왕을 피하기 위해서 사막으로 피했던 예언자 엘리야의 불안은 얼마나 극심했던가!(왕상 19,3) 또한 시편에 나오는 다윗 왕은 이렇게 자주 흐느끼고 있다. "스올의 줄이 나를 동여 묶고, 죽음의 덫이 나를 낚았다"(시편 18,6). "재난이 가까이 닥쳐왔으나 나를 도와줄 사람이 없습니다"(시편 22,12). "주님, 나를 돌아보시다보시고, 나에게 은혜를 베풀어 주십시오. 나는 외롭고 괴롭습니다"(시편 25,17). "내 가슴이 진통하듯 뒤틀려 찢기고, 죽음의 공포가 나를 엄습합니다. 두려움과 떨림이 나에게 밀려오고, 몸서리나는 전율이 나를 덮습니다"(시편 55,5-6).

마찬가지로 신약에서 우리는 예수님의 제자들이 고통 앞에서 두려움에 떠는 모습을 찾아볼 수 있다(마가 10,32). 그들은 폭풍우가 이는 호수 위에서 두려워하거나(마태 8,26; 14,30), 스승의 적 앞에서 두려워했던 것이다(마태 25,26). 마찬가지로 사도 바울도 그에게 적대적인 사람들 앞에 서야 하는 것을 두려워했을 뿐만 아니라(사도 18,9; 23,11), 그가 여러 사람들 앞에 나타나야 하는데 대한 두려움을 심각하게 생각하며 극복해야만 했다(고전 2,3; 고후 7,5).

거짓된 약

우리는 불안에서 벗어나기 위해서 그 어떤 일도 마다하지 않는다. 어떤 사람들은 텔레비전을 보거나, 라디오를 듣거나, 영화를 보는 등 여러 가지 형태의 놀이들을 통해서 불안을 완화시키려고 하며, 다른 사람들은 강도 높은 사회 활동을 하거나, 일에 몰입함으로써 불안을 무디게 하려고 한다. 그러나 두려운 상황 앞에서 자기 머리만 모래에 처박는 타조와 같은 이런 행동들은 고작해야 불안을 일시적으로만 완화시키는 것일 뿐, 근본적인 해결책이 되지 못한다. 또 다른 사람들은 수면제나 약물을 통해서, 그렇지 않으면 술이나 담배를 남용함으로써 불안에서 벗어나려고 한다. 그러나 그 경우 사람들은 그것들의 노예가 되어 거기서 벗어나는 것이 더 어려워진다. 여기에서 우리는 사람들에게 있는 거의 모든 종류의 열정(passion)은 — 우리는 이 사실을 어렵지 않게 입증할 수 있다 — 불안에 기원을 두고 있다는 사실을 알 수 있다. 또 다른 사람들은 불안 앞에서 차분하고, 평온해지려고 수련을 하기도 한다. 그러나 그 효과 역시 표면적인 것에 불과한데, 그 이유는 그런 수련들이 자기-암시에 기반을 두고 있기 때문이다. 진정한 평안이 오래 지속되려면 고통스러운 노력이 필요한 것이라 이런 방법들에 의한 평안은 어느 정도 시간이 지나면 사라지고 만다. 그러므로 우리는 불안에서 절대적으로 벗어나기는 불가능하다는 사실을 명확하게 알아야 한다.

진정한 치료제

삶에의 공포에 대한 유일한 치료제는 살아 계신 하나님에 대한 믿음에 있다. 구약에서는 이미 그 신도들에게 하나님에게 눈을 돌려야만 불안에서 벗어날 수 있다고 가르쳤다. 하나님은 아브라함에게 "두려워 말라, 나는 너의 방패가 되어줄 것이며, 너의 보상은 클 것이다"(창세기 15,1)라고 하였고, 이삭에게는 "아무것도 두려워 말라, 나는 너와 함께 할 것이고 너를 축복할 것이다" 라고 약속하셨다(창세기 26,24). 또한 홍해를 건넌 후에 모세는 이스라엘 민족에게 "두려워하지 말아라. 너희는 가만히 서서 주께서 오늘 너희를 어떻게 구원하시는지 지켜보기만 하여라. 너희가 오늘 보는 이 이집트 사람을 다시는 볼 수 없을 것이다. 주께서 너희를 구하여 주시려고 싸우실 것이니, 너희는 진정 하여라" (출애굽기 14,13-14)라고 하였다. 시편과 예언서들 역시 불안으로부터 벗어나는 유일한 길은 항상 함께 계시는 전지전능하신 주라고 이야기한다. 예를 들어서 말하자면 시편 18편7절, 23편4절, 27편1절, 46편2-3절, 56편4-12절, 61편3절, 118편5-6절, 이사야서 41장10절, 43장1절 등은 불안해하는 사람들에게 도움을 주는 구절들이다.

신약에서 예수님의 말씀은 우리에게 하나의 방향을 제공해준다 : "당신이 불안해하는 세상에서..."(요한 16,33). 이 말은 우리에게 예수님은 그의 제자들 역시 불안에서 제외되지 못했다는 사실을 이해하고 계셨음을 보여준다. 그들이 자신의 제자라고 해서, 자동적으로 해방이 된다는 것은 아니었다. 그는 실상이 어떤지 잘 아셨고, 불안감은 인간에게 있어서 자연적인 것이라는 사실을 이해하고 계셨다. 그래서 그는 제자들이 불안해하는 것을 전혀 나무라지 않았다. 더 나아가서 예수님 역시 불안을 경험하기도 하였다. 하늘의 대사제로서 그는 우리가 당하는 불안을 동정할 수 있을 것이다(히브리 4,15). 예수님 역시 불안을 이겨냈기 때문에, 사는 것을 불안해하는 우리들을 돕고 싶어하신다: "또 일생동안 죽음의 공포 때문에 종노릇 하는 사람들을 해방하시려고 한 것입니다"(히브리 2,15). 그렇기 때문에 예수님은 아주 중요한 '그러나' 라는 말을 하시며 이 말씀을 따르라고 하셨다 : "그러나 용기를 잃지 마십시오, 나는 세상을 이겼습니다!"

이 약속을 하시면서, 예수님은 자신의 제자들 앞에서 그가 이 세상에서 경험하는 모든 불안의 구원자임을 알리신다. 사실 그는 자신의 주변 사람들을 위험하고 불안한 상황에 처하게 만드는 경우가 많다. 그러나 그런 경우에도 그는 그들을 구한다. 그들을 그냥 침몰하게 내버려두지 않는 것이다. 평생 당신이 걱정의 종이 되도록 할 필요가 없다 : 걱정하는 가운데에서도 믿음을 가지고 예수님을 바라보라. 그는 당신의 불안을 이용하여 당신의 신앙을 보다 튼튼히 다지시려고 할지도 모른다. 그는 자기 제자들에게 강물 위에 일렁거리는 폭풍우를 보내어 그들이 곤란한 상황에서 자기에게 기대게 하지 않았던가? 그리고 베드로는 예수님을 따라서 물위를 걸으면서 불안 속에서 예수님을 바라보고 그의 손을 잡는 것을 배워야 하지 않았던가? 당신도 위험에 빠져 있을 때, 예수님은 그의 강한 오른손으로 당신을 잡아주실 것이다(시편 73,23). 당신이 여러 가지로 위험한 상황을 경험하게 하여 당신이 그에게 완전히 종속되어 있음을 깨닫게 하고, 두려움으로부터 해방시키려고 도우신다.

우리가 "세상의 모든 불안은 우리를 두렵게 할 수 없다. 예수님이 세상을 이겼기 때문에..."라고 생각할 수 있다는 것은 우리의 마음을 든든하게 한다. 예수님은 이 세상과 이 세상이 주는 모든 위협들과 마귀까지 포함해서 모두 그의 발 밑에 두셨기 때문이다. 예수님이 하늘에 올라가 "아버지"의 오른편에 앉아 우리 인생을 다스리신 이래 우리는 이 세상에서 아무 것도 두려워할 필요가 없다.

십자가에 못 박혀 돌아가시고, 부활하셔서 하늘에 오르신 예수님에 대한 살아있는 신앙은 실로 어마어마해서 삶에 위협이 되는 것에 대한 모든 두려움을 없애줄 수 있다. '승자'와 밀접하게 있는 자는 그것을 경험한다. 그는 불안으로부터 해방된다. 다음과 같은 다윗의 외침은 우리에게 얼마나 위로와 기쁨을 주는가! "하나님은 내 생명의 능력이시니 내가 누구를 무서워하리요"(시편 27,1).

　당신 또한, 하나님이 우리와 계속해서 함께 하시며, 예수님의 강력한 도움을 믿고, 세상의 모든 위험과 곤경에 대한 두려움들을 이길 수 있을 것이다. 그러므로 당신은 당신 앞에 전개되는 잔인한 운명 앞에서, 이러한 말을 했던 예수님 때문에 모든 공포 앞에서 신앙으로 무장될 것이다 : "전능한 능력이 하늘에서나 땅에서 나에게 주어졌다." 그런데 그는 당신의 생명 전체를 그의 손에 쥐고 있다. 그러므로 당신은 악하고 증오가 많은 사람들을 두려워하지 않을 수 있다(로마서 8,3). 당신 역시 하늘 아버지의 자녀로서 영원한 삶을 약속받았기 때문에 더 이상 죽음을 두려워하지 않아도 된다. 또 당신은 예수님의 약속에 기대어 악의 함정들과 싸울 수 있을 것이다. "어느 누구도 그들을 내 손에서 빼앗아 가지 못할 것이다"(요한 10.28). "아무도 너를 해치지 못할 것이다"(누가 10.19). 믿는 이들은 마귀의 힘이 하나의 현실적인 힘이라는 사실을 잘 알고 있다. 그러나 그들이 예수님을 향해 있는 한, 마귀는 그 사람들을 제압하지 못한다. 예수님은 그 자신이 죽음으로써 죽음의 힘에 사로 잡혀 있는 모든 이들을 무력하게 하셨다(히브리 2,14). 그래서 당신이 아무리 이 세상에 대해서 비관주의적인 시각을 가지고 있을지라도 당신은 다시 강해질 수 있다. 모든 불안한 상황에서도, 하나님은 당신을 강하게 하고 용기를 가지게 하는 말씀을 줄 수 있는 것이다(시편 119,5).

　예수님에 대한 믿음만이 당신을 두렵게 하는 모든 것들로부터 벗어나게 하는 유일한 치료약이다. 그 믿음이 없다면 그 두려움은 견딜 수 없는 고통이 된다. 그러나 그와 함께라면, 그대로 사라져버린다. 그렇기 때문에 하나님의 음성에 귀기울이고, 살아 계신 주님께 시선을 돌려, 예수님이 겟세마네 동산에서 하늘에 계신 아버지에게 그렇게 했듯이 입을 열고 그에게 외치라. 예수님은 어렵고 고통스러운 불안이 사람들의 기를 죽이고, 힘들게 하지만 모든 사람들을 위로하시기로 약속하셨다. 그는 당신이 불안에 지지 않고, 자유롭고 즐거운 사람이 될 수 있도록 도우려고 하신다. 또한 당신이 하나님 안에서 편히 쉬게 하시고, 당신에게 일어날 수 있는 모든 일에 용기 있게 대처할 수 있는 사람이 되도록 돕기를 원하신다. 케냐에서 총과 칼로 무장한 원주민 몇 명이 (선교사들이 운영하는) 어느 학교에 들이닥친 적이 있었다. 흑인이었던 교장을 제외한 모든 선생들은 도망쳤다. 그 무리는 그를 덮쳐 이를 모두 부러뜨리고, 수 차례 머리를 찌르고 바닥에 내던졌다. 선교사는 후에, 그에게 이렇게 물어보았다 : "그 사람들이 당신을 위협했을 때 어떤 생각이 들었나? 두렵지는 않았나?" 그는 이렇게 대답하였다 : "아니오. 나는 전혀 두렵지 않았습니다. 나와 함께 하시는 예수님에 대한 사랑과 기쁨만이 있었습니다."

   기독교인이 자신의 마지막 날들을 평화롭게 맞이하고, 죽음과 고통과 비명 소리도 없고, 더러운 것도 없는 하나님의 나라로 갈 수 있다는 확신을 가지고 그 순간들을 보낼 수 있다면 참 멋진 일이 아닐 수 없다(계시 21,4).

   또, 당신을 위협할 수 있는 모든 불안들 앞에서, 하나님을 바라보면서 이렇게 말할 수 있을 것이다.

   내 눈 앞에 미래가 보이지 않더라도.
   나는 믿습니다.
   모든 일은 하나님이 뜻하신 대로 이루어진다는 것을 압니다.
   나는 믿습니다.
   그러나 충분합니다.
   나의 주님이 친히 나와 함께 걸으시기 때문입니다.

죄의식에 대한 불안

인간에 대한 죄의식

　죄의식에 대한 불안은 사람들에게 삶에 위협이 되는 것들에 대한 불안만큼 자주 나타난다. 이처럼 죄의식에 대한 불안은 인류의 역사만큼이나 오래된 것이다 : 그런데 죄의식에 대한 불안은 사람들이 원죄를 저지르고 나서부터 나타났다(창세 3,8). 죄의식에 대한 불안은 자신이 잘못을 했다고 생각하는 사람을 사로잡는다. 자신의 이웃에 대해서 잘못을 하면, 그 이웃이 자신의 잘못을 인식하고 그 책임을 추궁할까봐 두려워한다. 그는 자신의 지위를 잃고, 무시를 받으며, 법정에 서게 될까봐 두려워한다. 그런 불안 속에서 그는 자신의 잘못을 숨기거나 최소화하려고 한다 : 그는 항상 가면을 쓰지 않을 수 없다. 그리하여 그는 그가 저지른 잘못에 점점 더 깊이 빠져들면서 새로운 잘못들을 저지르게 된다. 이처럼 잘못된 행동의 저주는 그것이 또 다른 잘못들을 낳는 데까지 이르는 것이다. 아담은 그렇게 하나님의 말씀에 불복종한 잘못뿐만 아니라 거짓말을 하는 잘못까지 저지르고, 그 탓을 이브에게 돌렸다(창세 3,10-12). 그러나 인간의 불안은 더 커지기만 하고, 그의 죄의식은 끊임없이 그를 괴롭힌다.

하나님에 대한 죄의식

　인간과 인간의 정의(la justice)에 대한 두려움이 사람들의 내면을 깊이 찌를 만큼 대단한 것이기 때문에 그것은 전지

(omniscient)하시고 무소부재(omnipresent)하신 하나님에 대한 두려움에까지 이른다. 그 앞에서 사람들은 아무 것도 숨기지 못하고, 그가 했던 모든 말들과 행동들에 책임을 져야하는 최후의 심판에 대해 두려움을 느끼는 것이다. 그는 조금씩 조금씩 어느 사람을 모욕한다는 것은 무엇보다도 먼저 하나님을 모욕하는 것이라는 사실을 깨닫게 되는 것이다. 다윗은 이러한 사실을 깨달았다 : "내가 주께만 범죄 하여 주의 목전에서 악을 행하였사오니..."(시편 51,6) 어쩌면 사람들은 아담처럼 하나님으로부터 숨으려는 비굴한 시도를 할 수 있을지도 모른다. 그러나 다윗처럼 결국에는 어디로 멀리 가든지 하나님으로부터 숨을 수 없다는 것을 깨닫고(시편 139,7), 사람들은 어떻든지 간에 정의의 하나님 앞에서 더 이상 버틸 수 없음을 깨닫게 된다. 그런 상황에 있는 많은 사람들은 최후의 심판에 대한 두려움에서 벗어나기 위하여 하나님의 존재를 부정하려고 든다.

성경에 나타나는 죄의식으로 인한 불안감

우리는 성경에서 그런 형태의 불안의 예를 많이 찾아볼 수 있다. 그래서 예언자 이사야는 하나님의 영광이 그에게 비전(vision)으로 나타났을 때, 이렇게 외쳤다: "나여 망하게 되었도다 나는 입술이 부정한 사람이요..."(이사야 6,5). 베들레헴의 목동 또한 하나님의 군대(누가 2,9)를 보고 커다란 공포에 휩싸였고, 베드로 역시 기적적으로 고기를 많이 잡은 다음에(누가 5,8-9) 똑같은 느낌을 받았으며, 베드로와 야고보와 요한은 그 모습이 변화된 스승의 모습을 보고 두려움에 휩싸였다(마태 17,6). 요한계시록에서 우리는 예수님이 나타나시는 것을 보고 놀라 기절하는 요한을 찾아볼 수 있다(계시록 1,17). 예수님의 기적을 목격한 많은 사람들 역시 두려움으로 가득 찼다(누가 4,36 ;5,26; 7,1). 또한 예수님이 부활하셨을 때, 예수님의 제자들과 병사들 역시 같은 감정 상태에 있었다(마타 28,48). 예수님이 다마스커스로 가는 사울에게 나타났을 때, 사울은 너무 놀라서 두려움에 사로잡히지 않을 수 없었다(사도 9,3). 이제 막 형성되기 시작했던 예루살렘의 그리스도교 공동체는 사도들이 행한 수많은 기적들 앞에서 공포에 떨기도 하였다(사도 2,43; 5,5-11). 사람들이 전능하신 하나님 앞에서 갑자기 느끼는 이러한 두려움들은 사람들이 하나님 앞에서 갑자기 자신의 죄를 인식하고, 그 죄 때문에 그들은 전지전능하신 하나님 앞에서 더 이상 존속할 수 없게 되었구나 라고 하는 깨달음에서 나오는 것이다.

죄의식으로 인한 불안의 결과들

자신이 저지른 어떤 잘못에 대한 기억으로 인한 불안은 매우 심하게 그 사람을 괴롭혀서, 사람들은 무슨 수를 써서라도 그것을 자신의 인생에서 지울 수 있었으면 하는 생각이 들게 한다. 그러나 사람들은 그렇게 하지 못한다. 하지만 잘못이 용서받지 못하면, 그것을 잠시 숨길 수는 있을지 모르지만, 저질러진 것을 되돌릴 수는 없는 법이다. 그것들은 자주 아주 고요한 밤중에, 어마어마한 규모로 사람들의 기억에 떠오르곤 한다. 그러면 그는 잠을 제대로 자지 못하고, 그 다음 날 하는 일들 모두가 제대로 이루어지지 못하게 된다.

중대한 잘못을 저지른 다음에 사람들에게 찾아오는 영적인 우울증은 종종 자기-비판을 가져오고, 신체적인 고통을 야기한다.

우리는 그런 모습은 중대한 잘못을 저지른 다음의 다윗의 경우에서 찾아볼 수 있다. 왜냐하면 그는 시편 32편에서 그의 잘못이 드러난 다음 겪게 되는 두려움과 영혼의 고뇌와 신체적인 고통에 대해서 기록하기 때문이다 : "내가 입을 다물고 죄를 고백하지 않았을 때에는 온종일 끊임없는 신음으로 내몸은 탈진하고 말았습니다. 주님께서 밤낮 손으로 나를 짓누르셨기에 나의 혀가 여름에 풀 마르듯 말라버렸습니다"(시편 32,3-4).

죄의식으로 인한 불안으로부터의 해방

이러한 불안으로부터 해방되려면 어떻게 해야 하는가? 우리의 죄를 위해서 십자가에 못 박히신 예수님만이 양심의 가책을 없애줄 수 있다. 그러므로 마음이 혼란에 휩싸일 때면, 예수님을 향하여 시선을 돌리고, 진정 회개하는 마음으로 당신의 죄를 사하여 달라고 해야 한다. 예수님의 희생에 대한 신앙과 진정한 반성의 마음만이 당신의 죄를 지울 수 있고, 불안이 당신을 괴롭히는 것을 멈추게 할 수 있는 것이다. 하나님의 용서에 대한 확신이 생긴다면, 당신은 이제 그의 사랑하는 자녀가 되고, 그가 당신에게 최후의 심판을 받지 않아도 되는 것을 약속하셨음을 믿어도 된다(요한 3,18; 5,14). 사람들은 하나님의 용서를 통해서, 마치 우리가 죄를 저지르지 않았던 것처럼 모든 죄가 완전히 사라지게 된다. 하나님은 더 이상 우리 죄를 기억하지 않으신다. 하나님은 하나님의 뒤로 "우리의 죄"를 던져버리고, 깊은 바다물 속에 던져버린다(예레 31,31; 이사야 38,17; 미가 7,19).

당신이 이 사실을 믿음으로 깨달을 수 있다면, 당신은 당신이 행복으로 부름을 받았다는 사실을 믿어도 된다(시편 32,-2). 하나님은 더 이상 당신에게 엄격한 재판관이 아니라, 자식을 사랑하는 자상한 아버지가 되는 것이다: 재판관 앞에서 느꼈던 공포는 아버지를 향한 고마움으로 변하고, 하나님을 향한 사랑은 벌에 대한 두려움을 대신한다. 비록 당신이 저지른 잘못에 대한 대가를 조금 치러할 지라도 (예를 들어서 말하자면 병에 걸리거나, 형무소에 가거나, 잘못한 사람이나 아이의 죽음), 당신이 하나님 앞에서 겸손한 자세를 취한다면, 용서에 대한 확신은 당신을 그러한 불행으로부터 지켜줄 것이다. 또한 당신은 깨끗한 양심이 하나님이 주시는 그 어느 벌보다 훨씬 중요하다는 사실을 알게 될 것이다. 그래서 다윗은 하나님이 그에게 벌을 주시려고 그의 아들을 데려갔음에도 불구하고, 그의 커다란 죄가 사해졌음을 알고 기뻐할 수 있었다(삼하 12,13-24).

그러나 하나님의 용서를 받았음에도 불구하고, 사람들이 죄에 대한 불안으로부터 완전히 벗어날 수 있다고는 생각하지 않는다. 왜냐하면 하나님은 사람들이 어떤 잘못을 했을 경우 하나님에게는 물론 그들이 잘못을 저지른 당사자에게도 고백하기를 바라시기 때문이다. 그때 사람들은 그에게 가지 못하게 하는 모든 장애를 뛰어넘고, 그와 화해해야 한다(마태 5,24). 그러므로 우리가 모든 고뇌로부터 해방되고, 내면의 평화를 찾을 수 있는 것은 진정으로 우리가 지은 죄를 회개하고, 우리가 저지를 잘못들을 모두 되돌려 놓았을 때이다. 그때에야 비로소 우리는 예수님이 죄를 지었던 여인에게 "너의 죄는 모두 사하여졌다...너의 신앙이 너를 구원하였다. 이제 평안히 가라"(누가 7,48-50)고 하면서, 그녀를 불안과 죄의식으로부터 해방시키셨듯이 평화를 얻게 된다.

자아의 위협에 대한 두려움

인간을 사로잡는 두려움은 삶에 대한 두려움이나 죄의식에 대한 두려움만 있는 것이 아니다. 자기중심성(egocentrisme)로부터 나오는 또 다른 형태의 불안들 역시 우리 삶에서 중요한 역할을 한다. 때때로 그것들은 우리 생각이나 행동의 전면에 나타나 우리를 괴롭힌다.

'자아'에 위협이 되는 것에 대한 두려움의 기원

이러한 형태의 두려움은 그 기원이 매우 다양하지만, '자아'는 항상 이런 두려움에서 중요한 위치를 차지하고 있다. 자기중심적인 사람들은 자신의 명성이 문제가 되는 경우 불안해한다. 그는 그가 다른 사람들과 달리 이상하게 되거나 남들의 입에 오르는 것을 두려워한다. 그에게 일어날 수 있는 가장 나쁜 일은 그가 다른 사람들에게 웃음거리가 되는 것이다. 그렇지 않으면 그런 사람들은 (잘못된 생각을 가지고) 자기 주위에 있는 사람들에게 무조건 이기려고 하는 바람에 자기가 혹시 질지도 모른다는 생각과 다른 사람들의 존경을 잃을지도 모른다는 생각 때문에 끊임없이 두려워한다. 우리는 몹시 수줍어하는 어린아이들에게서도 자기중심성이 그 원인이 되는 것을 알 수 있다. 그런 아이들은 자기의 본래 모습 그대로 다른 사람들에게 나타나 자기가 그들의 조롱을 받지나 않을까 하고 두려워하는 것이다. 또한 시험에 대한 두려움이나, 일을 제대로 하지 못하면 어떻게 하나 하는 두려움 역시 자기중심성에서 나온 것이다. 이러한 두려움들 뒤에는 자기를 과도하게 높이려는 욕구가 숨겨져 있다.
 그렇지 않으면 사람들은 그가 원하거나 기대하는 것만큼 이룰 수 없다는 것을 두려워할지도 모른다. 어떤 사람이 무엇보다도 먼저 자신의 편안함을 추구한다면, 그는 그것을 포기해야 하는 날이 올지도 모른다는 것에 대해서 두려워한다. 그가 포기하는 것에 대해서 배우지 못했다면, 그는 그를 위협하는 모든 박탈에 대해서 두려워한다. 또 어떤 사람이 돈을 자신의 우상으로 만들었다면, 그 사람은 가난에 떨어지는 것을 두려워한다. 또 다른 사람이 자신의 모든 것을 사랑하는 대상에 걸었다면, 그는 어느 날 사랑하는 사람을 잃을지도 모른다는 두려움에 사로잡히게 된다. 오늘날 많은 젊은이들을 사로잡고 있는 불안은 그들이 앞으로 나아가는 과정에서 자유를 위협 당하고 무엇엔가 발목을 잡힐지도 모른다는 두려움이 있다.
 불안은 성생활에서도 나타날 수 있다. 예를 들어서 말하자면, 여자들에게서 나타나는 불감증은 종종 또 다른 아이가 생겨서 피곤하게 될지도 모른다는 두려움 때문일 수도 있다. 많은 젊은 여성들은 임신을 막기 위해서 규칙적으로 피임약을 복용하기 때문에 세 가지 두려움을 동시에 안고 사는데 그것 역시 자기중심성의 표시이다. 그녀들이 느끼는 두려움은 첫째로 그녀들이 원하는 효과가 없을 지도 모른다는 두려움, 둘째로 그녀가 피임약을 복용하지 않으면 상대방을 잃을지도 모른다는 두려움, 셋째로 그 약을 계속해서 복용하면 인체에 어떤 부정적인 영향을 끼칠지도 모른다는 두려움에 떨고 있다.
 자기중심적인 사람들이 가장 자주 느끼는 두려움은 자신의 건강에 관한 두려움이다. 그런 사람들에게는 자신의 안위가 무엇보다도 앞선다. 그래서 그런 사람들은 병에 걸리면 어떻게 하나 하는 강박증에 빠져서 산다. 어떤 사람이 자기가 걸렸던 하찮은 병에 관해서 말하면 그는 자기에게도 그와 비슷한 증상이 있다고 곧바로 판단해버린다. 더 나아가서 치유할 수 없는 병이나 전염병에 대한 생각은 그에게 지나친 공포를 낳는다. 암에 대한 두려움은 삶에 대한 두려움의 한 형태인데, 그 두려움은 자기중심적인 사람에게는 무한히 과장되어서 일어난다. 그런 사람들은 컨디션이 조금만 저하되어도 심각한 병에 걸린 것이나 아닌지 걱정이 태산 같다. 그런 사람들은 곧잘 서로 다른 두 가지 감정 상태 사이를 오가면서 괴로워한다. 한편으로 그는 다른 사람들이 자신의 상태에 대해 진실을 얘기해주지 않는다고 두려워하며, 다른 한편으로 그는 자기가 두려워하는 것이 사실은 아무 근거도 없는 것이라는 말을 듣게 되리라는 희망을 버리지 못하며 산다. 그래서 그는 이 의사, 저 의사를 찾아다니면서 그를 안심시킬 수 있는 진단보다는 가장 좋지 않은 진단을 믿으려고 한다. 그런 사람들은 특별한 식단이나, 특정한 약들이나, 해마다 받는 치료나 아니면 쾌적한 휴양지 등으로 건강을 증진시키는데 좋은 방편이 이루어지지 않으면 걱정에 휩싸이게 된다. 비슷한 자기중심성은 특별한 신체적인 상태에 대한 불안에서도 발견되는데, 그런 사람들은 귀가 특별히 축 처졌다든지 다른 사람들보다 키가 작다든지 나이가 아직 젊은데 대머리가 나타나면 그것들이 잘못된 것이나 아닐까 하면서 몹시 두려워한다.

구체적인 목표에 도달하기 위한 방법으로서의 불안

어린아이들은 자기중심성이 강해서 특히 불안에 잘 빠진다. 그래서 아이들은 심하게 비바람 칠 때 많이 불안해한다. 그때 어머니들은 옆으로 와서 다정한 말을 해주며 그들을 진정시킨다. 아이는 어머니가 이렇게 그를 돌볼 때 안심한다. 그래서 아이들은 또다시 비바람이 치거나 다른 위험이 다가오면, 그들은 불안을 달래려고 어른들의 도움을 받으려고 한다. 그 결과 아이들은 무의식적으로 자기중심적인 욕구를 충족시키기 위해서 불안을 이용하기도 한다.

자기중심적인 사람의 불안과 성경

성경에서는 이런 형태의 불안에 전형적인 두 가지 예를 들고 있다. 사무엘이 사울 왕에게 하나님의 명령을 거역했다고 질책할 때, 사울은 그가 그의 백성들의 욕구를 무시함으로써 백성들에게 버림받을까봐 하나님의 명령을 어겼다고 인정하였다(삼상 15,24). 그리고 예수님이 제자들에게 그들을 기다리고 있는 고난에 대해 알려주자, 베드로는 예수님께 신중하게 행동해야 한다고 조언하면서 사실은 그의 앞날에 대해서 걱정을 하고 있었다. 그래서 예수님은 베드로의 진정한 의도를 알아채고 베드로를 심하게 꾸짖었다(마태 16,21-23).

이런 불안으로부터의 탈출

이런 형태의 불안으로부터 벗어나기를 바란다면, 그것이 겉으로 드러나든지 아니면 모르는 사이에 나타나든지 간에 그러한 자기중심성의 표현들을 알아볼 수 있어야 한다. 그러기 위해서 우리는 자기 자신의 영광이 아니라 하나님 아버지의 영광을 찾던 예수님의 모습을 살펴보아야 한다(요한 5,4). 우리들 역시 우리 자신의 욕구나 야심을 이루려고 해서는 안 되는 것이다. 우리는 무엇보다도 먼저 다른 사람들의 눈에 들려고 해서는 안 된다. 중요한 것은 당신이 다른 사람들의 눈에 어떻게 비치는가가 아니라, 하나님이 당신을 어떻게 생각하는가 이다. 하나님의 거룩성 앞에서 당신의 "자아"는 지극히 작은 것이다! 바울도 우리가 어떻게 개인적인 것들을 없앨 수 있는가 하는 모범을 보여주고 있다. 그는 그의 자아가 더 이상 존재하지 않고, 그리스도만 그의 안에서 사는 모습을 보여주는 것이다(갈라 2,20). 그렇기 때문에 자기중심적인 사람의 걱정은 그의 마음에 자리 잡을 틈이 없었던 것이다.

당신의 건강 상태에 너무 신경을 쓰지 마시오. 그렇게 하기보다는 당신의 삶을 전지전능하신 하나님께 맡기시오. 하나님은 당신의 육체의 주인이며, 그의 손에 건강과 질병이 모두 달려 있다. 하나님이 당신에게 십자가를 매게 하시고, 당신의 기도에도 불구하고 그것을 덜어주지 않는다면, 고통을 당하는 것을 두려워하지 마시오. 오히려 그것을 좋게 받아들이도록 노력하고, 고통 가운데에서 당신의 신앙을 보여주시오. 고통을 받아들이는 것이 고통에 대한 두려움을 대신해야 할 것이다. 중요한 것은 건강하게 살거나, 오래 사는 것이 아니라, 영혼이 깨끗하고 성숙한 채 하나님이 좋다고 판단할 그 순간까지 살아가는 것이다.

당신의 삶을 결정하는데 하나님이 자리를 크게 잡으면 잡을수록 당신의 아픔을 기쁘게 받아들일 수 있고, 타인의 행복을 축하할 수 있다. 그리고 다른 사람들에게 높이 평가받는 것에 신경을 쓰지도 않게 될 것이다. 또한 건강에 대한 염려는 뒷전으로 밀려나 하나님의 평화가 가슴을 가득 채우게 될 것이다. 그래서 하나님은 우리에게 이 말을 들려 주신다. "아무것도 염려하지 말고 다만 모든 일에 기도와 간구로, 너희 구할 것을 감사

함으로 하나님께 아뢰라 그리하면 모든 지각에 뛰어난 하나님의 평강이 그리스도 예수 안에서 너희 마음과 생각을 지키시리라"(빌립보 4,6-7).

병리적인 불안

앞에 설명한 불안 이외에 마지막으로 살펴보아야 할 것은 선천적인 불안이다. 그러나 우리는 심장 질환이나 천식과 같은 신체적인 질병에 원인을 둔 불안에 관해서 이야기하려는 것이 아니다. 오히려 여러 가지 종류의 불안을 동반하는 심리적인 질병에 관해서 이야기하려는 것이다. 그 가운데서 가장 심각한 것들은 선천적인 불안, 어떤 충격을 받은 다음에 생기는 불안, 우울증적인 불안이다.

우리는 앞에서 언급한 여러 가지 형태의 불안들이 동시에 나타나는 것을 관찰할 수 있다. 예를 들어서 말하자면, 불안해하는 경향이 있는 사람들은 어떤 충격을 받은 다음에 불안을 느낄 수도 있고, 우울증적인 불안이나 삶의 위협으로 인한 불안은 자기 중심적인 불안이나 선천적인 불안 또는 죄의식으로 인한 불안과 연결되어 있을 수도 있다. 이렇게 조금 더 심각하거나 덜 심각한 불안들이 그 상황에 따라서 나타나는 것이다.

선천적인 불안

선천적인 불안은 아이들이 어렸을 때부터 별로 중요하지도 않은 일을 가지고 지나치게 불안해할 때부터 감지할 수 있는 것으로, 병적인 것이다. 그런 불안은 아이들이 아버지나 어머니가 옆에 있지 않으면 잠들지 못하는 경우에서 찾을 수 있다. 그런 아이들은 밤중에 바람 소리나 개 짖는 소리나 비행기 지나가는 소리 등이 들리면 불안해한다. 학교를 다니면서부터는 선생님의 질문에 대답을 하지 못 할까봐 두려워하고, 친구들의 놀림이 될까봐 불안해하고, 숙제를 해가지 못할까봐 두려워한다. 어른이 되어서는, 정신이 건강한 사람들은 별로 신경을 쓰지 않는 일들에 쉽사리 불안해한다. 그들은 거미, 박쥐, 쥐, 개 등 특정한 동물들을 무서워하고, 다른 한편으로는 시체, 피, 도둑, 고독 등을 무서워한다.

열 등 감

불안이 열등감과 연관되어 있는 경우는 종종 발견된다. 불안해 하는 경향이 있는 사람들은 다른 사람들과 관계를 맺을 때 특히 자신감을 가지지 못한다. 다른 사람들이 그가 교육을 잘 받지 못했다고 하면서 그의 인격을 짓밟으면서 비난을 하지도 않을 텐데 그들을 기가 죽는 것이다. 그래서 그들은 다른 사람들 앞에서 여간해서는 자기 의견을 말하지 않는다. 그는 다른 사람들과 함께 있을 때 종종 서투른 모습을 보이며, 그것은 그에게 더욱더 잘못된 행동을 많이 하게 하고, 그 결과 그는 더욱더 비사교적인 사람이 된다. 조금이라도 어려운 일들은 그를 공포에 떨게 하고, 결국 그는 삶 앞에서 방향을 잃고 당황해한다. 그는 우유부단해서, 어떤 결정을 내리는 것도 꺼려한다. 그는 자기 자신에 대해서 자신감이 부족하기 때문에 다른 사람들의 의견에 전적으로 의존하고 만다. 그가 상관이나 모르는 사람을 만나면, 자기 의견을 자신 있게 제시하지 못하고 겨우 말이나 걸 정도이다. 그의 불안은 특히 권위 있는 사람들과 관계할 때 두드러지게 나타난다. 그가 어쩌다 한 번 성공하더라도, 다른 사람들은 그보다 더 잘 한다고 생각해서 만족해하지도 못 한다. 아무리 다른 사람들이 그를 믿어 주고 높이 평가해주더라도, 그가 자신이 열등하다는 생각에서 벗어나기는 쉽지 않다. 그는 기독교인으로서도 감히 자신의 신앙을 고백하려 하지 않는다. 그의 신앙이 굳건하지 못하기 때문이다. 그러므로 그는 절대로 신앙의 전사(戰士)가 되지 못한다.

성경은 우리에게 젊은 시절부터 겁쟁이였던 사람들에 대해서 말하고 있다 : 디모데가 바로 그 사람이다. 바울이 디모데에게 그의 일을 혼자 하도록 내버려두었을 때, 디모데는 너무 초조한 나머지 그만 울고 말았다. 그는 그의 어머니와 할머니가 어렸을 때부터 그에게 시켰던 독실한 신앙 교육이나 영적인 아버지였던 바울이 그렇게 열심히 배려해주었음에도 불구하고, 하나님 앞에 나아가 홀로 열심을 다하고, 신앙을 고백하고, 하나님을 위해서 고통을 감내하는 것을 두려워하였다(딤전 4,12-14). 디모데가 단지 그에게 주어진 의무의 무게 때문에 떨기만 하고, 불안해하는 경향이 없었더라면, 바울이 그에게 했던 수많은 당부들은 쓸데없는 것이 되었을 것이다 : 그는 굳건한 신앙으로 두려움을 이겨냈을 것이다.

집착과 공포증

열등감은 대부분의 경우에 있어서 모든 것을 자기 탓으로 돌린다. 가장 의미 없는 세세한 것들까지 자기 탓으로 돌리는 것이다. 자기 자신에 대해서 자신이 없는 사람은 어떤 사람이 그의 곁에서 그를 보고 웃으면 곧 자기를 비웃는 것이라고 생각한다. 또한 그의 주변에서 남부끄러운 일이 생기면, 그는 곧 다른 사람들이 그가 그것을 했다고 생각할까봐 두려워한다.

그것이 아무리 말도 되지 않는 것일지라도 그는 걱정, 근심에 사로잡혀서 불안해 하는 경우가 많다. 여기에서 우리는 잔인한 종류의 불안을 말하는데, 그 이유는 이런 종류의 불안은 사람들이 자기-방어를 할 겨를도 없이 엄습해오기 때문이다. 그런 사람들은 자기를 더럽힐지 모른다고 생각되는 물건을 건드리는 것을 두려워한다. 그렇지 않으면 그는 자기 일을 제대로 처리하지 못했다는 생각에 사로잡혀서, 끊임없이 확인하고 또 확인해야 한다. 또한 뾰족한 물건이나 찔릴 만한 물건들 때문에 자기 아이가 다친다면 그 책임이 그에게 돌아올까 두려워 아이의 손에 닿을 만한 물건들을 모두 치워버리기도 한다. 그런 사람이 거리에 나서면 자기가 자기 옆을 지나가는 행인에게 잘못을 했을지도 모른다는 불안에 사로잡혀서 계속해서 그들을 향해서 뒤를 돌아다보곤 한다. 그는 광장이나 폐쇄된 공간에 있을 수도 없다. 그런 장소에 있으면, 너무 두렵기 때문이다. 그가 두려워할 이유가 전혀 없다는 것을 아무리 자기에게 설득하려고 해도, 그런 곳들을 지나갈 때 맥박이 심하게 뛰고 죽을 것만 같은 공포에 빠지는 것을 어찌할 수가 없다. 마찬가지로 그는 다른 사람들과 대화를 하다가도 그가 친절하지 못한 말을 하지나 않았는지, 부정확한 말을 하지나 않았는지, 그래서 상대방에게 상처를 주지는 않았는지 하는 공포에 끊임없이 사로잡힌다. 그래서 그가 잘못한 것이 전혀 없는데도 끊임없이 사과를 하기도 한다.

그래서 이런 형태의 불안으로부터, 강박증이 생긴다 : 더러워지지나 않을까 하는 두려움 때문에 씻는 강박증이 생기고, 무엇인가를 잘못하지나 않을까 하는 두려움 때문에 자꾸 확인을 하려는 강박증이 생기며, 다른 사람들이 그를 보지나 않을까 하는 두려움 때문에 광장공포증이 생기는 것이다. 이런 불안들은 이상한 형태를 띠고(공포증), 그런 불안을 느끼는 사람들을 심각하게 괴롭힌다.

치료제 : 기독교 신앙

우리는 어떻게 선천적으로 타고난 불안과 싸울 수 있을까? 이 경우에도 기독교 신앙은 효과적인 치료제가 될 수 있다. 당신에게 자신감이 결여되어 있고, 다른 사람들에 대한 두려움을 가지고 있다면, 이 세상에서 그럴 듯하게 보이는 사람들도 하나님 앞에서는 불쌍한 죄인에 불과하다는 사실을 기억해야 한다. 그 사람 역시 당신처럼 구속받아야 하며, 당신은 그에게 부끄러움을 느낄 필요가 전혀 없고, 당신을 그와 비교할 필요도 전혀 없는 것이다. 당신이 하나님을 전적으로 의지한다면 당신은 당신 주위에 있는 사람들의 견해에 좌우되지 않게 될 것이다. 또한 당신이 신앙에 확신을 가지고 있다면, 다른 사람들과 자유롭고, 공개적으로 맞설 수 있을 것이다. 당신이 하나님을 기쁘게 해드리려고 애써 노력한다면, 당신은 이제 더 이상 내가 지금 하는 행동이 다른 사람들의 마음에 드는지 아닌지, 제대로 행동을 하고 있는지 아닌지 하며 초조해하지 않아도 된다. 하나님은 적절한 시간에, 사물에 대한 올바른 이해와 올바른 판단을 내릴 수 있도록 당신을 인도하실 것이고, 그렇지 않다면 적어도 적절한 때에 당신에게 도움이 될 만한 사람을 보내실 것이다. 그러면 당신은 하나님의 능력이 당신이 걱정을 하는 가운데에서도 이뤄지는 것을 보게 될 것이다(고후 12,9). 앞에서 말했던 모든 열등감에도 불구하고, 당신은 두려워할 아무 이유도 없다. 왜냐하면 당신은 하나님의 은혜를 받았고, 예수님에 의해서 구원받았으며, 그로 인하여 수많은 값을 주고라도 다시 살 하나님의 자녀가 되었고, 하나님이 당신을 사랑하시기 때문이다(이사야 43,14). 당신이 하나님 앞에서 작다고 느낀다면, 당신은 하나님과 함께 위대한 존재가 되었다고 말해도 된다(시편 18,30).

바울은 겁이 많았던 디모데에게 예수님의 성스러운 부름을 상기시켜 주었다(딤후 1,9). 바울이 그의 신앙에 대해서 부끄러워하지 않았던 것처럼, 디모데 역시 하나님의 말씀을 전하면서, 신앙에 대한 확신과 기쁨 속에서 두려워하지 말아야했다. 왜냐하면 하나님은 그에게 두려워하는 영혼이 아닌, 힘 있고 사랑과 지혜가 가득한 영혼을 주었기 때문이다(딤후 1,12-13). 또한 디모데는 적들과의 싸움에서 예수님 안에서 힘 있고, 용맹스런 전사로 처신해야 했으며(딤후 2,1-5), 그에게 다가오는 고통을 기꺼이 받아들여야 했다. 왜냐하면 그것이 독실한 신앙을 가지고 살아가려는 모든 사람들이 짊어져야 했던 운명이기 때문이다.

그러므로 우리는 날마다 하나님께 신앙 고백을 할 수 있는 능력의 영을 달라고 요구해야 한다. 또한 다른 사람 앞에서 마비되지 않을 수 있도록 사랑의 영을 구해야 한다. 당신이 이런 것들을 정말 하나님을 위해서 사용하려는 열정을 가지고 구하고, 다가간다면, 당신에게서 열등감은 그냥 사라지고 말 것이다. 우리는 위험 앞에서 물러서지 않고, 고난 앞에서 도망치지 않는, 그 모든 두려움을 없애주는 지혜의 영을 달라고 구해야 한다. 그러면 당신은 디모데처럼, 선천적으로 타고난 불안에의 경향이 있을지라도 거기에서 벗어나게 된다. 때때로 그것이 나타나 당신을 다시 괴롭힐지라도 곧 벗어나게 된다.

그러나 당신이 계속해서 구하고 있음에도 불구하고, 하나님이 당신을 불안으로부터 완전히 해방시켜주지 않는다면, 그것은 틀림없이 하나님이 당신을 영적으로 성숙시키려는 의도에서 일 것이다. 그런 경우 당신은 그 불안을 하나님이 당신을 좀더 겸손하게 하고, 하나님에게 의존해 있도록 하기 위한 십자가로 생각해야 한다. 그런 경우 당신은 사탄은 결코 하나님이 당신에게 지워준 십자가를 사용하는 법이 없다는 사실을 믿고 조심해야 한다. 그러므로 당신은 의기소침 상태에 빠지거나 하나님께 항의하지 말아야 한다. 더구나 당신이 불안 때문에 하나님을 바라보지 못하거나 하나님의 도움을 찾지 않으려고 해서도 안 된다. 또한 당신이 불안 때문에 하나님을 위해서 당신에게 맡겨진 일을 하지 못해서는 안 된다. 당신이 사울 왕처럼 사탄에게 마음을 빼앗긴다면, 마귀는 당신의 그 선천적인 불안해하는 성향을 이용해서 하나님으로부터 멀어지게 하며, 당신을 파멸시킬 것이다.

그러니 당신의 십자가를 평안하게 짊어질 힘을 달라고 기도해야 한다. 중요한 것은 어떤 상황에서든지 불안에서 벗어나는 것이 아니라, 그 불안 가운데서도 하나님을 의지하고 하나님의 종으로 행동하는 것이다(고후 6,4). 불안 가운데서도 당신은 당신을 하나님의 사랑으로부터 떨어져 나가게 해서는 안 된다. 오히려 당신은 당신을 사랑하는 하나님 때문에 승리자가 될 수 있다(로마 8,35-37). 다시 말해서 신앙을 굳게 지킬 수 있는 것이다. 당신이 불안에 사로잡혀 끊임없이 하나님의 도움을 기다리고 있을 때가 어쩌면 당신이 하나님과 더 가까이 있는 때인지도 모른다. 당신이 걱정하는 가운데에서도 하나님은 사랑의 하나님이다. 그 걱정들은 절대로 당신과 하나님 사이를 가로막지 못 할 것이다. 불안이 당신을 힘들게 할 때에도 당신을 이기지는 못한다. 당신은 아버지의 사랑으로 보호받고 있기 때문이다. 그의 사랑이 당신의 눈에 크게 비치면 비칠수록 불안은 점점 더 작고 하찮은 것으로 보일 것이다. 하나님만이 왜 당신에게 그런 불안해하는 성향을 주었는지 아신다 ; 당신이 하나님 곁에 있다면, 불안은 당신의 한계를 넘기도록 하지 않을 것이다. 그러므로 불안이 아무리 무거운 짐으로 느껴질지라도, 결국 그것은 유익한 것으로 판명될 것이다.

충격 다음에 따라오는 불안

이런 종류의 불안은 그의 가장 깊은 곳에서 불안한 체험을 했던 사람에게서 발견되는 불안으로서, 사람들을 평생 동안 따라다닌다. 특히 감수성이 예민한 어린아이들이 그런 종류의 경험을 했다면, 그것은 그들에게 깊은 상처를 남긴다. 그래서 그들은 어른이 되어서도 또 다시 그런 경험을 하지 않을까 하는 불안에 사로잡히게 된다. 때때로 처음에 했던 체험은 심층의식에 파묻혀서, 어떤 사람이 지금 불안해하면서도 진정한 원인을 모를 때가 있다. 그런 경우 설명할 수 없는 불안이 어떤 때, 어떤 상황에서 갑자기 나타날 수도 있다.

설명할 수 없는 불안의 원인

그런 불안에 관해서 몇 가지 예를 들어보자. 우리는 불행한 결혼 생활을 하고 이혼을 한 남자의 경우를 생각해볼 수 있을 것이다. 그는 어느 여자나 일단 가까워지면 곧 불안에 휩싸이게 되고, 사나운 동물처럼 그녀에게서 멀어진다. 언제 길거리에서 기절을 한 경험이 있는 젊은 여성은 문 밖으로 발을 내딛자마자 불안감에 사로잡히게 되며, 사람들이 길거리에 있어야만 겨우 걸어 다닐 수 있다. 어렸을 때 익사할 뻔한 나이를 먹은 남자는 평생 동안 물에 들어가는 것을 두려워한다. 어느 젊은이는 어른들 앞에 서기만 하면 불안해하는데, 그것은 그들에게서 어린 시절 엄했던 아버지를 떠올리기 때문이다. 어떤 젊은 여성은 밤이 되면 의식을 잃을 정도로 불안해한 적이 있다. 그래서 그녀는 어느 날 그 이유를 캐내다가 알아내었다. 그 원인이 어린 시절에서 있었던 일 때문이라는 사실이 밝혀졌을 때, 그녀는 다시 불안에 사로잡히거나 의식을 잃는 일이 없어졌다.

그런 형태의 불안으로부터의 해방

이런 불안으로부터 벗어나기 위해서 오락이나, 독서나, 스포츠나 어떤 취미활동 등에 눈을 돌려보는 시도는 헛된 것이다. 그렇게 해서는 그 불안을 억누를 뿐, 그 관심거리가 없어지면 곧바로 다시 나타나고 만다. 그것보다는 차라리 그에게 그 불안에 대해서 잘 알도록 하는 것이 낫다. 그렇게 함으로써 자기는 걱정할 이유가 처음부터 없었다는 것을 깨닫게 되면 불안은 사라지고 만다. 그가 느끼는 불안에 담긴 설명할 수 없고 신비한 측면을 벗겨버리면 불안은 이제 아무 효력도 발하지 못 한다. 그러나 환자가 그에게 깊은 상처를 남겼던 사건에 대해서 전혀 기억하지 못한다면, 심층 면담을 통해서 밝혀내도록 해야 한다. 그런 경우 정신분석학은 상당히 빠른 효과를 가져올 수 있다. 그러나 아무리 과거사를 밝혀내고, 진정제를 복용할지라도 불안이 지속된다면, 그 불안은 선천적인 불안 때문이거나 비정상적인 예민성 때문이라고 해야 할 것이다. 그런 경우, 그 사람은 힘들게 자신에게 충격을 주었던 최초의 경험을 떠올리는 불안한 상황에서 해방될 수 있을 것이다.

　우리가 여태까지 언급했던 것들을 살펴보면 이런 상황에서 신경과 전문의나 정신치료자들의 역할이 무엇보다 중요한 것으로 나타난다. 영혼에 대한 치료만 가지고서는 충분하지 않은 것이다. 그런 경우 영적 인도자는 사람들에게 열이 왜 나게 되었는지 원인도 찾지 못했으면서 열을 내리게 하겠다고 설쳐대는 사람처럼 도식적인 방법만 쓸 것이다.

　그러므로 능력 있는 전문가에게 가서, 솔직하게 어린 시절 불안했던 경험들을 말하는 편이 훨씬 좋다. 그때 당신은 하나님의 도움으로 곧 불안으로부터 해방되는 것을 경험하게 될 것이다. 그러나 약물치료를 받았음에도 불구하고 불안이 지속된다면, 영적 충고자에게 가야 한다. 그것은 선천적 불안에 대해서 말했던 것과 같은 맥락이다.

우울증으로 인한 불안

　우울증에 걸린 사람의 불안은 특히 견디기 힘들다. 그런 사람들은 그런 불안을 지상에서 겪는 지옥과 같다고 주장한다. 가끔 이 불안은 확실하지 않은 형태를 띠며, 환자는 그 어떤 동기도 찾지 못한다. 그러나 심한 경우에 이 불안은 심각한 환상과 연관되기도 한다. 또한 우울증 환자들은 자신의 병이 치유 불가능한 것이라고 믿는다. 그는 정신 잃는 것, 정신병원에 들어가는 것, 가난에 빠지는 것, 성령에 죄짓는 것, 하나님으로부터 버림받아 영원히 저주받는 것을 두려워한다. 그는 가난을 벌로 생각하고, 무능력함을 자신의 의지박약으로 생각한다. 그는 끊임없이 그가 저지르지 않은 잘못들을 가지고 스스로를 질책하곤 한다. 이것들에

신체적인 측면에 대한 걱정들을 덧붙이면 문제는 한결 더 심각해진다. 잠들지 못 하는 밤에 그런 사람들은 낮을 두려워하며, 낮에는 또 밤을 무서워한다. 새벽에 특히, 불안감은 심각할 정도로 부풀려질 수 있다. 그러다가 자살하게 되지나 않으려나 하는 마음이 그런 사람들을 끊임없이 괴롭힌다. 그러나 때때로 자살충동은 죽음에 대한 두려움보다도 더 강해질 때도 있다.

약물치료가 좋은가 아니면 영적치료가 좋은가?

우울증 환자의 불안은 정신적인 장애에 기인하기 때문에 그에게 가장 필요한 것은 무엇보다 먼저 약의 처방으로 이루어진 적합한 치료이다. 불안감이 최고조에 이르렀을 때 영적인 충고를 늘어놓는 것은 아무 소용도 없다. 그것은 오히려 사태를 더욱 심각하게 만들 수가 있다. 왜냐하면 환자는 이때 영적 충고자의 의견이나 훈계를 들을 수 없는 상태에 있기 때문이다. 그의 상태가 나아지고, 그의 불안감을 드러낼 기회를 주고 그가 생각하는 그의 잘못을 설명할 기회를 주고 나서야 비로소 영적 충고자는 성경에 나오는 위로의 말씀들을 전할 수 있을 것이다. 그러나 그가 위로의 말씀들을 곧바로 받아들일 것이라고 생각해서는 안 된다. 바로 여기에 우울증의 비극이 있다. 환자는 자신의 죄의식에 아무 근거가 없다는 사실을 받아들일 수 없으며, 예수님의 희생으로 인해서 자신의 죄가 모두 사해졌다는 사실 역시 받아들일 수 없다. 우울증에 차도를 보일 때에야 비로소 그들은 그들에게 필요한 영적인 도움을 받을 수 있는 것이다. 그럴 때가 되어야 비로소 적당한 도움의 손길이 그에게 미칠 수 있는 것이다.

우울증으로 인한 불안이 당신의 목을 조른다고 해서 너무 초조해하지 말고, 좌절하지도 말아야 한다 : 그리고 이런 고통스러운 시간이 언젠가는 끝날 것이라는 확신을 가져야 한다. 당신의 불안들을 단순히 병적인 것으로 보고, 그것들을 당신이 저지른 잘못이라고 혼자 생각하지 말아야 한다. 더구나 당신을 질책하는 것 같은 성경 구절에 집착해서도 안 된다. 차라리 좋은 소식을 전해주는 영적 충고자의 말을 믿어야 한다. 그 말들은 특히 당신과 관련되어 있는 말들이다. 당신이 아무리 이해할 수 없을지라도 하나님은 당신이 아무리 우울한 상태에 있을지라도 당신의 아버지이다. 하나님이 아무리 멀리 있는 것 같이 느껴질지라도 하나님은 당신이 건강할 때처럼 당신 가까이 계시다. 하나님은 당신의 아픔들과 걱정거리들을 알고 계시며, 당신을 사랑하고 계시다. 하나님이 당신을 버리는 일은 절대 없다. 당신이 저질렀다고 착각하는 잘못들을 가지고 당신에게 벌을 내릴 것이라고 상상해서는 안 된다. 하나님은 당신에게 십자가를 짊어지게 하셨다. 그것이 그의 의지였고, 때가 되면 그 짐을 덜어주실 것이다. 그는 당신이 자신에게 퍼붓는 비난을 보면서, 당신이 반성하고 있음을 아신다. 그렇기 때문에 당신은 절대로 성령을 향해서 죄를 지을 수 없는 것이다. 오히려 하나님은 당신의 모든 잘못들을 용서해 주셨다. 그는 또한 당신이 다시 용기를 갖지 못하는 것은 당신의 의지가 부족해서가 아니라, 당신의 의지가 병적으로 막혀있기 때문이라는 사실을 아신다. 그리고 당신의 영적인 미지근함은 냉혹함 때문이 아니라 병적으로 당신의 감정이 막혀 있기 때문이라는 사실을 알고 계신다.

    사람들을 괴롭히는 이렇게 다양한 불안과 절망 가운데에서도 성경 말씀이 그들을 위로해 준다는 사실은 얼마나 값진 일인가! 날마다 성경은 그들에게 자신의 메시지를 전달해준다. 오래 되었지만 항상 새로운 메시지인 "아무 것도 두려워하지 말라!"고 외치는 것이다. 하나님은 이 말씀을 통해서 사람들에게 항상, 그리고 어디서나 자신은, 살아있는 자이며, 그들 가까이 있고, 그들의 불안을 알고, 마지막 해답을 가지고 있다는 사실을 알리려고 한다. 하나님은 우리의 모든 두려움과 약한 가운데서도, 그의 능력에 대해 이렇게 말씀하신다:

"두려워하지 말아라. 나는 처음이며 마지막이요, 살아 있는 자다"(계시록 1,17-18).

제 3 장

당신의 피곤한 신경을
하나님께 맡기시오

하나님의 걸작인 인간의 신경체계

　인간의 신경계만큼 기가 막힌 작품이 또 있을 수 있을까? 정말이지 우리 몸을 이루는 모든 기관들은 하나님이 가지신 신적인 지혜를 증언하고 있으며, 인간의 두뇌로는 도저히 생각할 수도 없는 것들이다. 그 중에서 가장 걸작은 그 무엇과도 비교할 수 없는 신경 기관들이다. 인간의 발명품 중에서 그나마 그와 비슷한 것을 찾아서 비교해보려면, 아주 커다란 규모의 전화연결망과 비교할 수 있을 것이다. 수백만 개의 선(線)들은 하나의 중심으로부터(수억, 수십억 개의 세포로 구성된 뇌에 비유할 수 있을 것이다) 나와서 운동기관을 향하여 나아가고 결국 피부로까지 이어져 광범위한 단말기의 망(網)을 형성하게 된다. 그래서 두뇌에서부터 떠오르는 모든 생각들은 신경관(神經管)에서 구체적인 충동의 형태로 만들어진다. 마찬가지로 피부에서 감지된 모든 감각들 역시 같은 방식으로 중추신경계에 전달된다.

인간의 의도적인 행위와 물리적인 감각들을 주관하는 중추신경계를 형성하는 뇌와 척수뿐 아니라, 사람에게는 척추를 따라서 섬유들로 이루어진 자율신경계(내장 신경)도 있다. 자율신경계는 내장기관들과 여러 가지 관(管)들과 림프선의 즉각적인 반응들을 조절할 뿐만 아니라 신진대사(metabolisme)를 조절하고 순환이나 호흡을 주관하고 있다. 중추신경계와 자율신경계가 서로 연결되어 있기 때문에 인간의 모든 신체적인 기능들은 우리의 심리적인 상태의 변화에 따라서 영향을 받지 않을 수 없다. 이것은 정말 멋지고 독특한 예술 작품이 아닐 수 없다! 우리는 우리의 짧은 두뇌로 도저히 다 이해할 수 없는 걸작 앞에서 너무 감탄스러워 입을 다물 수밖에 없으며, 다만 다윗이 하나님을 찬양했던 말들을 우리 입에 올릴 뿐이다 : "내가 이렇게 태어났다는 것이 오묘하고 주께서 하신 일이 놀라워, 이 모든 일로 내가 주께 감사를 드립니다. 내 영혼은 이 사실을 너무도 잘 알고 있습니다"(시편 139, 14).

이렇게 복잡한 체계가 그에게 해로운 것에 대하여 아주 민감하게 반응하리라는 사실은 당연한 일이다. 우리 신경계는 신체적인 운동을 너무 많이 했거나 지적으로 혹사당했을 때 고장날 수 있으며, 술이나 담배 같은 자극제 때문에 혼란에 빠질 수도 있다. 그밖에도 정신적인 긴장 내적인 독성, 특히 사람들이 부정적인 감정의 포로가 되었을 때, 신경계는 문제에 빠지게 된다. 우리가 태어날 때부터 우리의 적인 사탄은 그 사실을 잘 알고 있다. 그래서 신경계는 사탄의 공격에 노출되어 있다 : "사탄은 건반을 치듯이 우리 신경계를 농락한다." 사탄은 이렇게 예민한 악기에

끔찍한 불협화음을 만들어낼 수 있는 것이다.

그래서 우리는 우리 신경계에 세심한 주의를 기울여야한다. 하나님이 우리에게 이처럼 세밀한 악기를 맡기셨기 때문에, 우리는 그것을 항상 좋은 상태로 관리하며, 어떠한 손상에도 보호를 해야 하는 것이다. 우리는 하나님에게 책임을 져야 하기 때문에 우리 마음대로 신경계를 다루어서는 안 된다. 그러므로 우리는 하나님에게 우리 신경계를 맡겨야 한다. 그러면 더 이상 고통스러워하지 않게 될 것이다. 쇠약해진 신경조차 다시 강해지고, 또 다른 위협으로부터 보호받게 될 것이다.

어떤 사람이 "신경이 곤두섰다"고 말할 때, 그 말에는 세 가지 의미가 있을 수 있다. 그 사람의 신경이 피로해져서 고통을 받고 있거나, 선천적으로 신경계가 쇠약해서 고통을 받거나, 아니면 정신적인 문제 때문에 신경질이 났다는 말인 것이다.

신경의 피로

때때로 사람들은 신경의 피로라는 말로 신경쇠약을 가리키기도 한다. 왜냐하면 신경이 피로해졌을 때, 신경계 전체는 쇠약 상태에 빠지기 때문이다. 그러나 신경이 피로해져서 신경쇠약으로 이어지는 데는 여러 가지 경우가 있다 : 사람들이 손이나 정신적으로 중노동을 했을 때, 어린아이들이 너무 학교생활에 열중하였을 때, 주부들이 집에서 가사 노동을 너무 오래 했을 때, 남자들이 기진맥진할 정도로 일에 종사했을 때 신경쇠약에 걸릴 수 있는 것이다. 그밖에도 휴식이나 수면의 부족, 비좁은 주거 환경, 도

시의 소음으로 인한 불편한 잠자리, 담배와 술 또는 다른 자극제들의 남용, 성생활로부터의 격리, 심한 열을 동반하는 병 역시 신경쇠약을 가져올 수 있다. 또한 신경의 피로를 유발할 수 있는 요인은 고열을 동반한 병이나 뇌진탕, 중대한 수술 등도 있을 수 있는데, 특히 수술 후 충분한 회복기간을 통해서 몸을 추스르지 못했다면 더욱더 그렇다. 또한 모든 종류의 걱정과 근심 및 불행은 물론 삶에서 오는 절망적인 상황들(les deceptions de la vie)과 상관으로부터 무시당하거나, 주위에 있는 사람들과의 갈등, 불행한 결혼생활, 어떤 잘못을 저지른 다음에 양심의 가책을 심하게 느꼈다면 그런 것들은 사람들의 신경을 피로하게 하고, 곧 이어서 신경쇠약으로 몰고 갈 수 있다. 어쨌거나 이 모든 것들은 사람들의 신경에 심각한 문제를 일으킬 수 있는 것이다.

신경의 피로 증세 가운데서 일반적인 것은 두통, 어지럼증, 구역질, 소화불량, 위장장애, 가슴의 통증, 혈압의 상승, 신장과 방광의 기능부전, 여러 가지 성적부조, 소리에 대한 민감한 반응, 전체적인 신체의 약화, 떨림, 근육의 통증, 호흡부조, 부분적인 피부 홍조(紅潮), 손끝이나 발끝의 차가워짐, 머리나 얼굴 근육의 경련, 수면 장애 등이 있고, 쉽게 눈물을 흘린다거나, 심한 감정 기복, 정서 불안, 걱정, 집중력과 기억력의 저하 등이 나타난다.

신경쇠약 상태라고 할지라도 이 증세들이 한꺼번에 나타나는 것은 아니다. 그러나 이 증세들 가운데서 몇 가지만 나타나더라도 사람들은 이미 매우 고통스러워하게 된다. 그러므로 우리는 신경을 안정시킬 수 있는 가장 좋은 방법을 찾아야 한다. 그 방법들로 우리는 휴식, 수면, 적당한 업무, 목욕, 산책, 피부의 위생, 체조, 호흡 운동, 균형 잡힌 식사, 자극제나 안정제의 제한적인 사용 등을 생각할 수 있다. 우리는 이 책에서 그러한 치유법에 대해서 더 길게 나열할 수는 없다. 다만 정신의 건강을 증진시킬 수 있는 두 가지 방법을 제시하는 것으로 만족하려고 한다.

불면증에 대한 충고

우선 잠들기 전에 우리는 하루 동안 있었던 불쾌했던 일들을 모두 잊어버리고, 하나님께 우리의 걱정과 염려, 분노와 불안, 죄의식 등을 맡겨야 한다. 직장에서의 일들이 침실에까지 오게 해서는 안 되고, 옷을 벗으면서 힘들었던 기억들을 모두 떨쳐버려야 한다. 하나님께 우리의 시선을 돌리지 않는다면 우리는 마음의 평화를 얻을 수 없다. 그러므로 당신이 잠을 잘 수 없다면, 하나님 앞에 당신의 마음을 모두 비우고 당신을 괴롭히는 모든 것들을 맡겨야 한다. 당신이 했던 일 가운데서 양심을 괴롭히는 일이 있다면, 당신이 지은 죄를 용서하여 달라고 기도해야 한다. 또한 당신에게 공격을 한 사람들과 화해할 수 있는 마음을 달라고 요청할 수 있어야 한다. 하나님이 중요한 결정할 때 함께 하시듯이 일상적인 작은 문제들을 처리할 때에도 함께 해주시기를 요청해야 한다. 당신은 예수님을 향한 믿음을 가지고 하나님을 아버지로 본다면, 그가 당신을 바라보고 있으며 당신의 괴로운 마음을 달래고 위로하여 쉽게 잠들 수 있을 것이라고 믿어도 된다.

그러나 밤에 일어나서 다시 잠이 들지 않는다면, 밤의 고요함 속에서 하나님의 말씀을 명상하라(시편 119, 148). 당신은 당신이 저지른 잘못에 대해서 이미 용서받았다는 사실을 확신하고 있는지, 당신이 하나님의 자녀로 인정받았다는 사실을 확신하고 있는지, 당신이 영원히 구원받았다는 사실을 확신하고 있는지 물어보아야 한다. 그렇지 않다면 당신은 당신이 혹시라도 하나님께 거역하지는 않았는지에 대해서 물어보고, 하나님께서 당신에게 베풀어주신 그 모든 선한 것들에 대해서 감사하고 있는지 물어보아야 한다(시편 92,2-3). 당신은 과연 당신에게 잘못을 저지른 사람을 진정으로 용서하였는가? 우리는 아무리 힘든 상황에서라도 하나님을 찬양하기를 잊어서는 안 된다(사도 16,25). 또한 하나님이 우리에게 맡기신 우리 주위에 있는 사람들에 대해서도 항상 신경을 쓰고, 그들이 필요로 하는 것을 하나님께 알려주어야 한다.

이런 식으로 잠이 오지 않는 시간을 보낸다면, 당신은 잠이 오지 않는다고 걱정할 필요가 없다. 중요한 것은 밤새도록 자는 것이 아니라, 우리 영이 진정한 휴식을 취하는 것이다. 그러므로 우리가 밤새도록 한잠도 자지 못했을지라도 하늘 아버지의 품안에서 평화를 맛보았다면, 그 다음 날 아침 깊은 휴식을 취한 것 같이 느낄 수 있을 것이다. 우리는 그러한 축복을 야곱에게서 찾아볼 수 있다. 그는 얍복 강가에서 잠도 자지 못하고 밤새도록 하나님과 겨루었지만, 그 다음날 전혀 피곤할 줄 몰랐다(창세 32,25-30). 많은 사람들은 밤의 조용함에 기대어 기도하는 것이 좋다는 사실을 안다. 사람들은 밤의 그런 순간들이야말로 그들의 전적인 무능을 깨달을 수 있고, 그들의 의식이 각성될 수 있는 시간이라는 사실을 잘 알고 있기 때문이다.

또 다른 한편 우리는 악마가 불면의 시간을 틈타 우리를 타락시키려고 한다는 사실도 잊지 말아야 한다. 그래서 우리는 바울처럼 "잠이 오지 않는 밤"에도 하나님의 종으로 자처해야 한다(고후 6,5).

미소 연습

나에게 놀라운 효과가 있었던 신경 완화법에 대해서 언급해보자. 신경쇠약을 가져오는 지속적인 긴장 앞에서 우리는 이런 질문을 하지 않을 수 없다 : 우리의 신체기관에는 밤에 수면이 회복을 가져다주듯이 우리가 아무 노력을 기울이지 않아도 낮동안 우리에게 긴장을 풀어주는 장치(dispositif)가 있지 않을까? 자율신경계의 긴장은 우리 마음의 상태와 밀접하게 연관되어있다고 알려지고 있다. 슬픔이나 불안이나 증오나 회한과 같은 부정적인 생각들은 우리 신경을 수축시키는 것이다. 그러나 우리가 행복한 생각을 하게 되면 신경의 수축은 곧 사라지고 만다. 여기에서 우리는 신경의 건강을 위해서는 기쁨이 필요 불가결한 것이고, 기쁨은 신경의 피로를 풀어줄 수 있는 가장 좋은 수단이라는 사실을 알 수 있다. 우리는 기쁨을 누리지 않고서는 이 세상을 살 수 없고, 우리는 그 사실을 본능적으로 느끼고 있다.

우리 모두는 기쁨은 우리 입에서 침을 분비시킨다는 사실을 알고 있다. 그러므로 침은 이제 곧 맛있는 음식을 먹게 될 것이라는 기대가 있을 때에만 분비되는 것이 아니라, 행복한 생각을 할 때에도 분비되는 것이다. 이때 우리의 내장기관을 주관하는 신경들과 모든 호르몬 체계에 생긴 긴장들까지 해소된다. 그러나 어떤 종류의 것이든지 정신적인 긴장이 조성되면, 침의 분비가 그치게 되고 자율신경계의 다른 활동들 역시 그치게 된다. 우리는 어떤 특별한 정동에 사로잡혔을 때 혀가 말려 들어가고 입맛이 없어지는 것을 보지 않았는가? 우리는 이것을 다윗이 자신이 저지른 잘못 때문에 괴로워하며 시편 32편에서 이렇게 말하는 것에서 살펴볼 수 있다 : "주님께서 밤낮 손으로 나를 짓누르셨기에 나의 혀가 여름에 풀 마르듯이 말라 버렸습니다"(시편 32,3).

 그러므로 침의 분비는 자율신경계가 흥분해 있다는 좋은 징표임을 알 수 있다. 여기에서 우리는 기쁨 역시 신경의 긴장을 해소시키는 매우 좋은 방법이라고 결론지을 수 있다. 왜냐하면 우리는 기쁜 마음을 가짐으로써 침을 의식적으로 분비시킬 수 있기 때문이다. 기쁨은 우리 신경에 매우 놀라운 치료제가 되며, 원기회복제가 된다. 우리가 기쁘게 되는 것은 우리 주변에 좋은 일만 생겨도 된다. 우리를 매혹시키는 멋진 그림을 바라보거나, 좀 더 일반적인 것으로서 우리를 즐겁게 하는 모든 광경들을 바라보거나, 아름다운 음악을 듣거나, 행복한 일을 앞두고 그것을 기대하며 기다리는 것 등은 우리 "입에 침이 고이게 하기에" 충분하다. 이러한 마음 상태들은 곧바로 우리 얼굴에 미소를 머금게 하기 때문에 나는 이 방법들을 "미소 연습"이라고 부르고 싶다.

 미소는 우리의 긴장이 완화되었다는 눈에 보이는 표시이다. 이 방법은 매우 단순하고 이해하기 쉬운 긴장해소법이다. 유쾌한 생각의 나래에 빠져들 수 있는 사람들은 누구나 쉽사리 배울 수 있는 방법이다. 사람들은 다른 긴장해소법을 수련할 때처럼 특별히 시간을 내지 않더라도 아무 때나 시행할 수 있으며, 원하는 만큼 오랫동안 시행할 수 있다. 하지만 그것이 자율신경계에 미치는 효과는 즉시 관찰될 수 있다. 신경계통의 문제 때문에 온 두통, 식욕상실, 경련, 피로 등과 또 다른 신경의 혼란들은 우리가 미소를 짓기 시작하면 곧 없어진다. 또한 신경계통의 문제 때문에 혈압이 상승되었던 것도 미소를 지으면 내려가고, 잠도 잘 잘 수 있게 된다. 미소는 정신-신체적인 정감들(des affections)에도 효능을 보인다. 매일 미소 연습을 하는 사람들은 그것이 신경이 피로한 상태를 즉시 회복시킨다는 사실을 잘 알 것이다. 아무리 휴가를 얻었을지라도 기쁜 일이 없다면, 휴가는 후딱 지나가 버리고 말며, 그 전에 기대했던 회복은 전혀 있을 수 없을 것이다. 그러나 그의 가슴에 기쁨이 가득 차는 순간, 그의 신경계는 회복되기 시작한다. 그때 휴가지에서의 잠자리나 날씨나 환경이 별로 마땅하지 않더라도 문제되지 않는다. 이와 달리 항상 불안과 고민에 빠져 살고, 툭 하면 화를 내고 짜증을 부리며, 항상 긴장 가운데서 일을 하는 사람들은 미소를 지을 수가 없다. 따라서 그런 사람들은 긴장된 그들의 신경을 결코 완화시킬 수 없다.

즐거운 생각을 떠올리는 것이 미소를 짓는데 필수 조건이라면, 기독교인은 다른 사람들보다 신경의 긴장을 완화시키는데 매우 좋은 조건을 갖추고 있다. 왜냐하면 그는 모든 것을 하나님으로부터 나온 것이라고 생각하고, 아무리 작은 것이라도 하나님에게 감사하기 때문이다. 기독교인은 들에 핀 꽃이나 공중에 나는 새들을 하나님이 만드신 작품으로 보고, 끊임없이 하나님께 감사의 기도를 드리기 때문에 모든 것에 대해서 기뻐할 수 있다(살전, 5,16-18). 더구나 그들이 하나님의 자녀라는 사실을 인식함으로써 그들은 일상생활을 살면서 커다란 기쁨의 동기를 가지고 있다. 그는 하나님 안에서의 기쁨이 자신에게 힘이 된다는 사실을 매일 매일 경험하는 것이다(느헤, 8,10). 더 나아가서 그는 하나님 아버지는 자기를 사랑하고, 자기를 돌보시며, 올바른 길로 인도하신다는 사실을 경험한다.

하나님 안에서 느끼는 이 기쁨은 우리가 아무리 힘든 상황에 있을지라도, 세속에서 누리는 즐거움보다 한결 더 높은 차원에 있다. 바울은 그러한 경험을 했다. 그렇지 않았더라면 그는 감옥에 갇혀있는 동안 "하나님 안에서 항상 기뻐하십시오"라는 말을 하지 못했을 것이다. 여기에서 바울이 "항상"이라고 한 말은 어떤 상황에 처해 있을지라도 기뻐하라는 말이다. 다혈질적인 성격은 하나님에게서 기쁨을 찾고, 미소 연습을 하려고 할 때 상당히 도움이 된다. 그러나 기쁨이 사라져버리고 나면, 다혈질적인 성격은 미소 연습을 할 때 별다른 도움이 되지 않는다. 기쁨이 성령의 선물 가운데 하나이기 때문에 오직 기독교인들만 언제나 미소 짓는 연습을 할 수 있으며, 그에 따라서 신경에 필요한 이완을 가져올 수 있다.

그러므로 당신은 당신의 지친 신경들과 잠을 이루지 못 하는 시간들을 하나님께 맡겨야 한다. 거듭해서 말하지만, 하나님에게 기대어 당신의 신경을 강하게 해주는 모든 자연스러운 방법들을 해야 한다. 무엇보다도 먼저 예수님이 주려고 하는 기쁨을 통해서 지친 당신의 신경에 활력을 불어넣어야 한다(요한 15,11). 그 때 당신은 시편기자가 전하는 진리의 말씀이 무엇을 말하려고 하는지 깨달을 수 있게 된다 : "평생을 좋은 것으로 흡족히 채워주시고, 네 젊음을 독수리처럼 늘 새롭게 해주신다"(시편 103,5).

선천적으로 신경이 약한 사람들

신경쇠약은 아무리 사람들이 잘못 다루어서 그 증세가 몇 년 동안이나 지속되었다고 할지라도 치유가 가능하다. 대부분의 경우 완전히 회복되려면 수주일, 혹은 수개월 걸린다. 하지만 선천적으로 신경이 약한 사람들은 아무리 하나님 안에서 기쁨을 찾으려 하고, 매일 매일 처방을 준수하면서 신경을 튼튼하게 하려고 할지라도 아픔이 지속되고, 경우에 따라서 증세가 악화되기도 한다. 그런 경우 그 사람의 신경계는 타고나면서부터 예민하고, 쉽게 쇠약해지는 특성이 있음에 틀림없다. 그런 사람들에게는 아주 작은 신체적 또는 정신적 과로, 기쁘거나 슬픈 정서적 충격, 기후의 변화, 담배나 과도한 술의 섭취 등은 모두 그의 신경계를 뒤흔들어 놓을 수 있는 것이다.

우리는 우리 가족의 구성원들이나 조상들에게서 신경이 약한 사람들을 종종 찾아볼 수 있다. 그렇게 신경을 취약하게 타고난 사람들은 어렸을 때나 청소년기에 두통을 잘 느끼고, 일에 쉽게 지치며, 잠을 제대로 자지 못했을 때 신경쇠약의 증세를 보이곤 한다. 신경을 쇠약하게 타고났기 때문이건, 아니면 신경을 너무 혹사했기 때문이건 어떤 사람이 신경쇠약 증세를 보인다면, 그 두 증상은 대단히 비슷하게 나타난다. 그 증세는 사람들이 열병을 심하게 앓은 다음이나, 정신적인 긴장이 매우 심했던 다음에 신경계통에서 우울증을 보이는 것이다. 그런 종류의 신경쇠약은 사람들의 일하는 능력에 손상을 주기 때문에 그런 사람들은 곧 휴식을 취하면서 신경쇠약을 처리해야 한다.

당신이 태어나면서부터 신경이 취약해서 고통을 받는다면, 당신의 신경을 하나님께 맡기는 일이 무엇보다도 중요하다. 당신은 좌절에 사로잡히지 않도록 하고, 당신보다 건강한 사람들을 보면서 열등감에 빠지지도 말고, 삶에 대한 혐오도 느끼지 않도록 조심해야 한다. 또한 당신에게 주어진 운명을 원망하지 말고, 쉽사리 힘이 빠지는 것 때문에 하나님을 원망하지도 말며, 당신보다 강한 신경을 가진 사람들을 부러워하지도 말아야 한다. 더구나 다른 사람들이 보다 더 섬세하고, 다른 사람들의 손길을 더 많이 필요로 하기 때문에 다른 사람들이 당신을 돌보아주어야 한다고 생각하면서 당신의 그런 상태에 만족하지도 말아야 한다. 그러므로 당신은 당신이 일을 제대로 하지 못했을 때, 그것은 당신이 다른 사람들보다 신경이 취약하기 때문이라고 변명해서는 안 된다. 대부분의 경우에 있어서 우리가 기도를 할 때 기쁨이 없고,

하나님에 대한 사랑이 없는 것은 우리가 정신적으로 피로하기 때문이 아니다. 그 진정한 원인은 우리가 나태하기 때문이며, 우리 믿음이 미지근하기 때문이다. 그럴 때는 오히려 차분하게 당신의 신경의 약함을 하나님으로부터 온 것으로 받아드리고, 그가 행한 모든 것에는 그 나름대로 의미가 있다는 사실을 받아들여야 한다. 당신은 그 의미를 찾아야 한다. 그때 당신은 당신의 약함은 하나님이 당신을 위해서 세우신 계획, 즉 사랑의 계획에 포함되어 있음을 깨닫게 될 것이다. 신경이 취약한 채 태어난 당신에게도 하나님은 당신이 가장 큰 행복을 얻기를 바라는 아버지이다.

당신의 약함은 어쩌면 사도 바울처럼 당신을 교만으로부터 보호하는 장치일지도 모른다. 그와 달리 당신의 신경이 매우 강해서 당신이 바라는 것들을 할 수 있었다면, 당신은 어쩌면 이기심 때문에 다른 사람들을 화나게 하고, 짜증나게 하는 건방진 사람이 되었을지도 모른다. 그렇기 때문에 당신의 약함은 당신의 내면적인 삶을 발전시키는데 도움을 주는지도 모른다. 십자가 없이 (당신이 육체적인 고통을 하나님으로부터 온 것으로 받아들인다면, 그것은 당신에게 십자가가 될 것이다) 당신은 예수님을 닮을 수 없다는 사실을 생각해보라(빌립보 2,5). 하나님은 종종 당신이 하나님에게 속해있다는 사실을 보여주기 위하여 육체적인 고통을 내리는 경우가 있다. 하나님은 당신에게 자신의 뜻에 복종하는 평안한 순종을 가르치려고 한다. 그렇지 않으면 하나님은 당신이 고통을 견디고, 개인적인 바람들을 포기함으로써 당신의 의지를 강화하기를 바라고 있다. 아무 것도 가지지 않았다고 느낄 때야말로 하나님으로부터 오는 도움에 기대는 것을 배우게 된다. 그렇지 않다면, 하나님은 당신에게 닥친 모든 문제들 때문에 당신을 괴롭게 하면서 당신을 시험하는지도 모른다. 불행한 가운데서도 당신이 인내할 수 있는지 보려고 하는 것이다. 그러므로 하나님이 당신에게 고통을 내릴 때, 하나님이 당신을 시험하기 위해서 그렇게 하는 것이라고 생각하라. 그러면 당신은 더 잘 견딜 수 있을 것이다.

당신이 당신에게 온 고통을 기쁜 마음으로 받아들이고, 하나님에게 영광을 돌리기 위해서 견딘다면, 당신의 고통은 어쩌면 하나님께 영광을 돌리는 방법이 될 지도 모른다. 그때 다른 사람들은 당신을 보면서 성령이 하는 일이 무엇인지 볼 수 있을 것이다. 바울은 그의 "몸에 박힌 가시"를 그의 삶에서 나타나는 하나님의 놀라운 능력을 알게 해주는 것이라고 생각하였다(고후 4,7). 당신에게 쇠 심줄 같이 강한 신경이 있다면, 당신은 우월감에 빠져서 당신의 강함을 과시하게 되지 않을지 모르겠다. 예수님의 제자들이 아무리 취약한 신경을 가지고 있었을지라도, 능력의 영이 그들에게 부어져서 그들이 그 열매를 맺을 수 있었을 때, 그들은 얼마나 커다란 힘을 예수님으로부터 받을 수 있었는가?(고후 12,9).

당신이 "나는 나의 조상의 죄 때문에 고통 받는 것이 아닐까? 나의 약함은 하나님이 주신 벌로 이해해야 하지 않을까?"라고 묻는다면, 나는 하나님의 은혜는 유전보다 훨씬 더 강력하고, 조상들이 저지른 죄들에 대한 결과들까지 축복으로 변환시킬 수 있는 것이라고 대답할 것이다. 하나님의 자녀로서 당신은 이제 더 이상 하나님의 진노 아래 있지 않으며, 당신은 하나님의 사랑에 자부심을 가져도 된다.

당신이 당하는 고통의 의미를 깨닫고, 그 모든 것이 당신을 위해서 이루어지고, 그것들은 어떤 의미에서 구원을 위한 것이라는 사실을 깨닫는다면, 신경의 긴장은 해소되고, 당신은 하나님으로부터 당신의 병을 이길 수 있는 힘을 얻게 될 것이다. 그것은 또한 당신에게 요구되는 것이 어떤 것이고, 당신의 신경이 약하기 때문에 요구되지 않는 것이 어떤 것인지 구분할 수 있게 할 것이다. 하나님은 어디까지가 당신의 한계인지 잘 알고 계셔서, 당신이 질 만한 십자가만 지게 하신다.

그러므로 당신은 당신의 약함 가운데서 좋은 면만 보아야 한다. 얼마나 많은 신경 쇠약증 환자들이 불안 가운데서 자기 내면만 들여다보지 않고 완전히 자연스러운 삶을 사는 방법을 배웠고, 그들의 건강을 해칠 수 있는 유혹을 극복할 수 있었던가! 그들은 자기네들의 능력의 한계를 알고 자기의 힘을 아낄 줄 알기 때문에, 매우 건강해서 자기 몸을 돌보지 않는 사람들보다 나이가 더 들어 보인다. 게다가 그들은 건강한 사람보다 신경이 약한 사람들의 고통을 더 잘 이해하고, 그들에게 좋은 충고를 줄 수 있다. 또한 그들이 겪은 것을 글로 써서 다른 사람들에게 도움이 될 수도 있다. 나는 자신들의 경험을 책으로 써서, 많은 사람들에게 도움을 준 신경쇠약증 환자들을 많이 알고 있다. 그 말이 나온 김에 하는 말이지만, 내가 이 책에서 서술한 것들 역시 단순히 이론적인 것들이 아니고, 내가 직접 경험한 것들이라는 사실을 밝혀야겠다.

또한 우리는 이 사실을 생각해보아야 한다 : 하나님은 "피곤한 자에게 힘을 주시고, 기운을 잃은 사람에게 기력을 주시는 분"(이사야 40,29)이라는 하나님의 약속은 아무 것도 아니라는 말인가? 또한 "수고하며 무거운 짐을 진 사람은 다 내게로 오라... 내가 그것을 가볍게 하겠다"(마태복음 11,28)고 한 예수님의 약속 역시 아무 의미도 없는 말이라는 것인가? 무거운 짐을 진 사람들 가운데는 유전적 질병 때문에 고통 당하는 사람들도 있을 것이다. 그때 "몸에 가시"(고후 12,9)를 가진 사람들에 대한 하나님의 은혜의 약속과 "겉 사람은 낡아가지만, 속 사람은 나날이 새로워진다"(고후 4,16)는 약속은 결코 아무 의미도 없는 말일 수가 없다. 이런 것들을 볼 때, 성서는 예수님이 병자들이나 불행에 빠진 사람들에게 특별한 관심을 기울이셨듯이 신경이 취약한 사람들에게 특별한 은총을 약속하는 것을 알 수 있다.

 이러한 약속의 기반 위에 서서 당신은 당신의 신경이 아무리 취약할지라도 여러 가지 방법으로 하나님의 일을 할 수 있다. 모세는 말을 더듬었고(출애굽 4,10), 바울은 그의 약함, 두려움, 떨림과 맞서 싸워야 했다(고전 2,3). 또한 우리는 신경이 취약했지만 하나님의 일을 게을리 하지 않은 수많은 하나님의 자녀들을 찾아볼 수 있다. 하나님은 성령으로 신경이 취약한 사람들까지 채워주시고, 그가 자신의 주위에 있는 사람들에게 축복의 근원이 되게 하신다. 우리는 이런 사실을 바울 사도의 삶을 통해서 알 수 있다. 그의 안에 있던 하나님의 성령은 그의 육체의 약함을 강하게 해주었다. 기도를 통해서 그 성령을 요구하고, 다윗의 다음과 같은 말을 되풀이 하라 : "우리의 하나님은 우리를 구원하시는 하나님이다. 그분은 주 우리의 주님이시다. 우리를 죽음에서 구원하여 내시는 주님이시다"(시편 68,20). 하나님이 당신에게 신경쇠약이라는 짐을 주었더라면, 하나님은 당신이 매일 매일 그것을 감당할 수 있도록 도우실 것이다. 당신에게 무거운 짐이 지어졌음에도 불구하고, 아니 오히려 그 짐 때문에 당신은 내면의 기쁨을 알게 될 것이고, 바울처럼 용기를 얻을 수 있을 것이다(고후서 12,10).

 예수님이 하늘에 계신 아버지가 그에게 맡긴 고통을 순종하는 마음으로 받아들였던 것처럼 당신이 모든 짐을 하나님에게 맡기고 하나님 앞에 평안한 마음으로 설 수 있다면, 당신 역시 예수님과 함께 그의 고통에 동참할 수 있을 것이다. 예수님 역시 고통을 당하고, 심한 괴로움을 겪었으며, 끔찍할 정도로 불안하였고

버림받았다는 느낌을 가졌었다는 것을 생각한다면, 당신에게도 적지 않은 위로가 될 것이다. 그래서 예수님은 당신이 당하는 고통을 이해하고, 당신과 함께 고통당하는 것이다. "그는 실로 우리가 받아야 할 고통을 대신 받고, 우리가 겪어야 할 슬픔을 대신 겪었다"(이사야 53,4)는 말씀을 묵상해 보라. 여기서 우리 고통이란 우리가 당하는 신경쇠약이다. 예수님은 정말로 당신이 괴로울 때 동반자가 되기를 원한다. 그러나 예수님의 동반자로서 당신은 목적지에 도달하게 되면, 예수님과 함께 예수님의 영광에 동참하게 될 것이다. 예수님이 그의 고통 때문에 영광을 받았듯이, 당신도 당신의 고통 때문에 영광으로 인도될 것이다(로마 8,17).

심인성 신경질

우리가 신경질에 대해서 말할 때, 우리는 신체적인 고통으로 나타나는 단순한 피로나 선천적인 신경쇠약만 말하는 것이 아니라, 불안, 근심, 분노, 짜증, 조급증, 열에 들뜸 등과 같은 구체적인 정감(affectif) 현상들을 말하고 있다. 우리 몸과 마음이 밀접한 관계에 있기 때문에 그런 감정들이 표출되면, 우리 몸에서는 여러 가지 기관에 경련이 생기거나 다양한 신경장애가 생기는 등 생리적으로 변화를 일으킨다.

이런 정서와 신경 장애는 흔히 같은 곳에 기원을 두고 있다. 그러나 그것들은 무의식의 깊은 곳에 숨겨져 있다. 그런 경우 우리가 느끼는 정서의 근본적인 원천을 찾으려면 우리의 정감 생활 전체를 자세하게 조사해보아야 한다. 왜냐하면 완전한 치료는 우리가 느끼는 정서의 진정한 원천이 밝혀져야 하기 때문이다. 그것을 찾지 못하면 일시적인 호전이나 해방이 있을지 몰라도 곧 재발하고 만다. 하지만 무의식 깊숙이 닻을 내린 이 정서의 근본적인 원인을 찾으려면 영적인 지도자나 정신치료자만으로는 충분하지 않다는 사실이 강조되어야 한다. 성령, 다시 말해서 하나님의 말씀이 우리의 진정한 모습을 비추는 거울이 되어 우리에게 그 작업을 하게 하는 것이라고 해야 한다.

히브리서 4장12절에 의하면, 하나님의 말씀은 우리, 나의 감정들과 마음의 변화와 마음의 의도를 판단하는 재판관이 된다. 성경을 올바르고 기도하는 마음으로 살펴보고, 성령의 작용에 마음을 열어놓는 사람들에게 하나님은 그가 느끼는 정서가 왜 나오게 되었는지 알게 하실 것이다. 우리는 끊임없이 우리의 마음속을 들여다보고, 가장 깊은 내면의 움직임에 대해서 깨달아야 한다. 그에 대해서 다윗은 이렇게 말했다 : "하나님, 나를 샅샅이 살펴보시고, 내 마음을 알아주십시오. 나를 철저히 시험해 보시고, 내가 걱정하는 바를 알아주십시오... 나를 살펴보시고, 영원한 길로 나를 인도하여주십시오"(시편 139, 23-24). 우리의 깊은 곳까지 감찰하시는(요한 2,24-25) 예수님의 성령으로 가득 찰 때, 우리는 우리가 본래 누구인지 알게 된다.

이것은 심층심리학에 의한 공격으로 받아들여져서는 안 된다. 오히려 심리학은 많은 경우 좋은 일을 하고 있다. 그러나 정신분석가가 절대적인 확신을 가지고 자기만 사람들의 내면 깊숙한 곳을 파고들 수 있다고 생각해서는 안 된다. 많은 기독교인들이 자기 잘못과 결점에 대해서 알지 못하고, 자기가 정말 누구인지 알지 못한다면, 그것은 그들이 기도와 성경봉독을 게을리 했고, 하나님의 성령에 불복종하여 성령을 슬프게 했기 때문이다. 그들이 하나님의 말씀을 듣지 않는데, 성령이 어떻게 그들을 진리로 이끌어 갈 수 있겠는가?

불안과 근심

이제 "신경이 예민해져 있는" 사람들이 느끼는 정서에 대해서 하나하나 살펴보도록 하자. 거기에는 우선 불안과 근심이 있을 것이다. 이 세상에는 불안만큼 광범위하게 퍼져 있는 곤경도 없다. 겉으로는 평화롭고 안정된 모습으로 비칠지 몰라도, 우리는 모두 정도의 차이는 있지만, 이런 정서의 침공을 받는다. 그렇다면 불안의 내용은 과연 무엇인가? 우리는 앞으로 일어날 세계대전이나 핵무기, 질병과 사고, 다른 사람들의 적대적인 행동, 상관의 까다로운 성격 등 외적인 것들만 염려하지 않는다. 우리가 저지른 잘못이 드러날지도 모른다는 의식은 우리를 계속 불안으로 몰고 가는 것이다. 죽음에 대한 생각 역시 고뇌로 작용할 뿐만 아니라 죽음 이후의 심판에 대한 두려움을 불러일으킨다. 하나님 앞에서 서는 것을 두려워하지 않는 사람은 하나도 없을 것이다. 하나님의 존재를 부정하고, 하나님에 대한 믿음을 비웃는 사람들일지라도 마음 속 깊은 곳에서는 하나님과 최후의 심판에 대한 불안함을 떨치지 못한다. 불안이 가져오는 재난적인 일들이 얼마나 많은가! 그것은 우리 영혼을 지속적인 긴장 상태에 빠뜨리고, 거기서 모든 종류의 신경장애가 생긴다. 특히 가슴의 두근거림과 위장장애 같은 각종 신경장애를 일으키고 있다.

우리는 근심이나, 근심이 발전하고, 근심이 가져다주는 건강염려증에 대해서도 말할 수 있다. 근심은 얼마나 우리를 사로잡고 있는가. 우리가 근심하다보면 처음에는 우리 자신의 건강에서 출발하여 가족의 안위나 국가의 미래에까지 이르도록 끊임없이 근심하게 된다. 거기에 우리는 우리 기질에서 비롯된 수많은 근심까지 덧붙일 수 있다. 인간사가 본래 마음먹었던 대로 돌아가지 않는 법이라 사람들은 수많은 근심거리들을 쓸데없이 만드는 것이다. 이런 근심들은 얼마나 우리 신경의 균형을 교란시키고, 정서생활에 얼마나 해를 주는지 모른다. 근심이 우리를 갉아먹도록 내버려두면, 우리는 지치고, 좌절하며, 근심에 쌓이고, 안절부절 못하게 된다. 그래서 우리는 현자인 시락이 말했던 것을 우리 경험을 통해서 확신하게 된다 : "걱정은 시간이 되기 전에 우리를 늙게 한다"(집회 30, 24).

우리가 하는 근심의 결과는 우리가 우리 자신에게 주는 불안한 관심뿐이다. 그렇다면 근심의 밑바닥에는 무엇이 있는가? 그것은 그가 잘 살지 못할지도 모른다는 삶에 대한 두려움이거나 죽음에 대한 두려움이다. 삶이나 죽음에 대한 지나친 관심은 신경계에 심각한 장애를 불러일으킬 수도 있다. 지속적으로 자신의 몸을 살펴보고, 자그마한 컨디션의 저하에도 심각한 병의 증상이 아닐까 걱정하는 사람, 자신의 병에 대해서만 말하고 다른 사람에 대해서는 도대체 신경 쓰지 않는 사람들은 이런 걱정들이 그를 더 병들게 할뿐이라는 사실을 깨달아야 한다.

우리는 어떻게 이런 불안과 걱정으로부터 벗어날 수 있는가? 거기에는 한 가지 방법밖에 없다. 당신의 불안과 근심을 모두 하나님께 맡기고, 그 짐에서 벗어나는 것이다. 당신은 쓸데없이 걱정하지 말고, 하나님이 바라시는 것들을 바라도록 해야 한다. 평화를 얻을 수 있는 길은 그것뿐이다. 삶에 대한 집착이나 혐오는 물론 당신을 두렵게 하는 모든 외부적인 상황들을 거부함으로써 얻는 것이 아니다. 불안을 진정으로 이기기 위해서는 이 세상을 이기고, 죽음을 정복하신 예수님을 통해서만 가능하다(요한 16,33). 우리가 운명이나 다른 사람들이나 죽음에 대한 두려움에서 벗어날 수 있는 길은 예수님에 대한 믿음과 십자가 위에서의 그의 대속적인 희생에 대한 믿음을 가지고 그의 강력한 손에 사로잡히고, 그의 현존에 사로잡혀야만 가능한 것이다(시편 23,4). 당신이 불안에 사로잡힐 때, 당신은 예수님의 제자로서(고후 6,4), 예수님 안에서 평안을 누리고 예수님에 대한 사랑에서 벗어나지 않는 행동을 하기를 바라지 않습니까?(로마 8,35).

화냄과 짜증

"신경질적인" 사람들을 구분할 수 있는 더 좋은 표시는 걱정과 근심보다 화와 짜증이며, 화와 짜증은 사람들에게 매우 다양한 신경장애를 일으킨다. 화와 짜증은 머리의 신경혈관에 좋지 않은 영향을 끼쳐서 얼굴이 하얗게 된다거나, 얼굴에 피가 몰리는 현상이 나타나기도 하다. 화를 낼 때 핏발이 선다는 말이 나온 것은 그 때문이다. "화와 정열은 수명을 단축한다"(집회 30,24)는 시락의 말은 절대적으로 옳은 말이다.

화에는 두 가지 종류가 있다 : 하나는 자기 잘못 때문에 생긴 울분(la colere contenue)이고, 다른 하나는 다른 사람들이 잘못했을 때 폭발시키는 화인데, 후자의 경우 화가 밖으로 표출되고, 사람들을 기분 나쁘게 한다. 이런 화는 모두 자기중심적인 화인데, 이 밖에도 소위 "거룩한 분노"라고 부르는 것도 있다.

화를 내거나 짜증을 내는 사람들은 "자기 자신"이 그들의 관심의 중심에 있음을 보여준다. 그래서 무엇인가 잘못하게 되면 그들은 창피 당하거나, 체면이 손상될까봐 짜증을 낸다. 또한 다른 사람이 그가 원하는 것을 하지 않았거나, 다른 사람이 자기를 공격했다고 느껴질 때에도 짜증을 낸다. 그는 자기 이익만 생각하기 때문에 중간에서 걸리적거리는 아주 작은 장애물에 대해서도 짜증을 낸다. 그래서 그는 너무 화가 나서 이성을 잃는 경우도 있다. 그런 사람들에게는 상대방에게 일리가 있을지도 모른다는 말은 아무리 나지막하게 할지라도 해서는 안 된다. 그런 사람들은 자기가 부당하게 취급받는다는 사실에 참지 못하고 반항한다. 또한 그런 사람들은 다른 사람들의 특별한 사정이나 다른 사람들이 잘못한 것에 대해서 참지 못한다. 그는 병이 들었거나, 교육을 제대로 받지 못해서 불평할 수밖에 없거나 자기 행동에 책임을 질 수 없는 어린아이일지라도 사정을 보아주지 않는다.

다시 충고하거니와 당신의 화와 짜증을 하나님께 맡기시오. 먼저 하나님께 당신에게서 올라오는 짜증의 참된 원인을 가르쳐달라고 기도하고, 하나님과 사람들 앞에서 당신의 모든 죄를 인정하시오. 지극히 작은 당신만 생각하지 말고 당신이 접하게 되는 모든 어긋나는 일들을 하나님께 맡기시오. 그러면 당신은 짜증과 화에서 벗어나게 될 것이다. 당신이 선천적으로 쉽게 화를 내는 성향을 타고났을지라도, 당신이 하나님을 향해 나아가는 것을 배우게 됨에 따라서 당신은 점차 화와 짜증에서 해방될 것이다. 당신이 잘못한 일까지도 하나님께 맡겨야 한다는 사실을 잊어서는 안 된다.

당신은 어쩌면 너무 교만해서, 하나님이 당신의 뛰어난 점을 낮추기 위하여 겸손하게 하시는지도 모른다. 그러므로 그 사실에 화를 내지 말고, 겸손하게 됨으로써 무엇인가를 배워야 한다. 그래도 짜증이 난다면, 하나님께 사랑과 선의(善意)의 성령을 보내달라고 구하시오. 예수님은 그의 제자들이 그에게 유순함과 겸손을 배우기를 바랐고, 그의 제자들이 이웃을 사랑하고, 자비심을 가지며, 다른 사람들의 잘못을 참고 견디는 사람들이 되기를 바랐다. 사랑은 다른 사람들에 대한 관용을 가지고, 그들의 입장이 되려고 하며, 다른 사람들의 약함이나 불완전함을 지적하지 않고 눈을 감아주려고 한다. "사랑은 모든 것을 덮어주며, 모든 것을 견딥니다"(고전 13,7). 따뜻한 마음은 다른 사람들과 조화를 이루게 하고, 다른 사람들이 공격을 할지라도 용서한다(골로, 3,12-13). 신경에 거슬리는 것들을 영원의 빛 아래서 보고, 일상적인 삶에서 일어나는 하찮은 것들을 가지고 비판하지 마시오. 하찮은 일들은 모두 하찮게 지나가게 하시오.

그렇게 해야만 당신은 점점 분노와 짜증을 지배하게 될 것이다. 아무리 신경안정제를 많이 복용하거나, 마음에 평안과 즐거움을 얻으려고 무슨 짓을 다 해볼지라도 그때 얻어지는 것은 일시적인 것일 뿐이다. 지속적인 평안을 얻을 수 있는 것은 하나님께 나아가 그의 성령으로 충만해지는 것밖에 없다.

조바심과 열에 들뜸

신경이 예민한 사람에게는 또 다른 두 가지 특성이 있다 : 그것은 조바심과 열에 들뜨는 특성이다. 그런데 사람들이 조바심을 내거나 열에 들뜰 때, 그들의 신경계는 수축되고, 그것은 다시 여러 가지 장애를 일으키는데, 특히 순환기 장애와 소화기 장애가 대표적인 것이다. 따지고 보면, 화를 잘 내는 사람들이나 격하기 쉬운 사람들처럼 조바심을 내는 사람들도 자기중심적인 사람들이다. 이런 사람들은 모든 것이 가능한 한 빨리 진행되어야 한다고 생각한다. 왜냐하면 모든 것들이 그가 원하는 방향대로 일어나야 하기 때문이다. 기다릴 줄 모르는 사람들은 그가 얼마나 변덕스러운 사람인지를 잘 보여준다. 기도를 한 다음 자기가 구했던 것이 빨리 이루어지지 않는다고 하는 사람들은 하나님 앞에서 조바심을 내는 것이다. 하나님의 도움이 빨리 오지 않을 때, 얼마나 많은 사람들이 하나님께 복종하려고 하지 않고, 하나님의 사랑을 의심하는가! 그리고 사람들은 얼마나 하나님이 작정하신 시간을 앞당기기 위해서 인간적인 개입을 자행하고 있는가!

우리는 우리의 욕구를 잠시 뒤로 미루고, 다른 사람들에게 불합리한 요구를 하지 않을 때에만 비로소 이웃들에게 조바심을 내지 않을 수 있고, 하나님에게 우리의 조바심을 내맡길 때에만 비로소 하나님을 참고 기다릴 수 있다. 다시 말해서, 우리에게 필요한 것들을 모두 하나님께 아뢰고 하나님의 시간에 우리를 도우실 것이라는 희망을 가질 수 있어야만 비로소 하나님을 참고 기다릴 수 있는 것이다(애가 3, 26).

열에 들뜨는 성향은 조바심치는 사람과 부분적으로 관계가 있다. 우리는 종종 우리가 "시간이 없으니까 서둘러야 한다"고 말하면서 우리의 조바심을 합리화시키고 있다. 우리에게 왜 그렇게 시간이 없다는 말인가? 그것은 우리가 분주함과 황급함에 사로잡혀 있기 때문이다. 우리는 언제나 행동해야 한다고 생각하고, 결코 도달하지 못할 목표를 쫓아간다. 그래서 우리는 이제 더 이상 책 한권을 진지하게 읽지 못하고, 성경말씀을 명상하지도 못한다. 우리는 이제 하나님의 말씀을 더 이상 듣지 못하게 된 것이다. 우리는 그렇게 열에 들떠서 살기 때문에 아무리 시간이 많을지라도 아무 것도 차분하게 하지 못하게 되었다.

하나님의 나라를 위해서 일하는 사람들까지도 사도 바울이 "세월을 아끼시오"라는 권고나 예수님이 "나는 나를 보내신 분의 일을 한다. 이제 곧 밤이 온다. 밤에는 아무도 일을 할 수 없을 것이다"(요한 9,4)는 말씀에 의탁해서 시간에 쫓겨 가며 일을 하기도 한다. 예수님과 바울은 의심할 나위도 없이, 대단히 많은 일을 했다. 바울은 언젠가 고린도교회 교인들에게 "나는 그 사람들 모두보다 더 많은 일을 했습니다"라고 편지를 썼다. 그러나 그가 "세월을 아끼시오"라는 말을 했을 때, 그는 황급하게 서두르라고 말한 것이 아니었다. 그는 어떤 일을 할지라도 하나님 안에서 평화를 얻을 수 있었다. 그렇지 않았더라면, 그가 썼던 모든 편지의 첫마디에 "하나님의 은혜와 평화가 여러분 모두에게 함께 하시기를 바랍니다!"라는 말을 쓰지 못했을 것이다. 또한 여러분들은 열에 들뜬 예수님을 상상해 볼 수 없을 것이다. 아침저녁으로 사람들이 그를 찾는 바람에 "밥 먹을 시간도 없다"(마가 6,31)고 했던 예수님이었지만, 그의 마음에는 언제나 깊은 평화가 자리 잡고 있었다.

기독교인들이 일을 하면서 마음에 동요를 일으키지 않고, 내적인 평화를 얻는 것이 하나님이 바라시는 것이다. 왜냐하면 마음의 동요는 신경이 수축되었음을 의미할 뿐만 아니라, 영혼이 죽었다는 사실을 의미하기 때문이다. 마음에 동요를 일으킨 사람들에게는 하나님을 위한 시간이 없는 것이다. 더구나 마음의 동요는 전염병과 같은 것이다. 그래서 마음에 동요를 일으킨 사람들은 주위에 있는 많은 사람들을 짜증나게 한다. 의심할 나위도 없이 하나님은 우리들이 시간을 최대한으로 활용하기를 바란다. 그러나 시간을 잘 활용하는 것과 서두르는 것 사이에는 차이가 있다. 내면적으로 차분하면서 자기 시간의 주인이 되어서 활동하는 것과 긴장해 있는 것 사이에는 커다란 차이가 있는 것이다. 후자의 경우 사람들은 조바심을 치며, 안절부절 못하면서 불행해진다.

다시 한번 더 말하지만 열에 들뜨기 쉬운 당신의 성향을 하나님께 맡겨야 한다. 당신의 그런 성향은 하나님께 기도하라는 의미이다. 평화의 성령을 구하라, 그러면 당신은 하나님 안에서 차분하게 될 것이다. 당신이 그렇게 되는 것은 다음과 같은 세 가지 조건 아래에서이다. 우선 하나님께 매일 아침 그 날의 일들을 맡기고, 시간을 합리적으로 활용할 수 있기를 구하며, 그가 인도하시기를 구해야 한다. 아침에 일어났는데, 그날 해야 할 일은 너무 많은데, 시간이 많지 않아서 걱정이라면, 하나님을 바라보고, 그날 일어날 모든 일과 함께 그날 전체를 하나님께 맡기시오. 그렇게 하는 대신에, 당신이 곧 일을 착수한다면 당신은 즉시 열에 들뜨게 된다. 그러나 하나님 앞에서 차분하게 그날 일어날 모든 일을 하나님께 맡긴다면, 당신은 당신의 일을 고요한 가운데서 시작할 수 있을 것이다.

이렇게 당신이 아침에 그날 일어날 일들을 모두 하나님께 맡겼다면, 당신은 그날 일어난 모든 일들을 받아들여야 한다. 그것이 괴롭고, 예상하지 못했던 일이라고 할지라도 마찬가지다. 당신이 계획한 일이 예상치 못했던 일들 때문에 계속해서 잘못되더라도 당신은 걱정하거나 혼란에 빠져서는 안 된다. 오히려 하나님이 그것들까지 보내셨으며, 그가 당신의 계획을 좋은 방향으로 이끌어주실 것이라고 믿어야 한다. 그는 당신에게 견딜 수 있는 힘을 주시고, 당신이 견딜 수 있는 짐만 주실 것이다. 하나님의 도우심을 믿으면, 당신에게 아무리 버거운 짐이 있을지라도 당신의 내면에서는 평화가 찾아올 것이다. 세 번째로 당신은 기도하면서 당신에게 맡겨진 일을 해야 한다. 당신이 잠시 쉬는 시간에는 하나님을 바라보며 새로운 힘을 주실 것을 기도하고, 일을 열심히 할 때는 그의 안에서 잠시 쉬면서 그가 당신을 인도하고 있다는 사실을 생각하는 습관을 가지고 있다면, 당신은 일도 빨리 진척되고, 그 일도 조용히 완수된다는 사실을 발견하게 될 것이다. 왜냐하면 그때 당신은 위에서 오는 힘의 원천과 하나가 되었기 때문이다. 그러므로 당신에게 주어진 일들이 당신을 짓누르려고 위협하거나 당신 주위에 있는 것들이 당신을 들뜨게 하고 열에 달아오르게 할 때 당신은 다윗과 함께 다음과 같은 기도를 할 수 있을 것이다 : "내 영혼이 잠잠히 하나님만을 기다림은 나의 구원이 그에게서만 나오기 때문이다"(시편 62,2).

당신이 불안하고, 걱정, 근심이 많으며, 화가 나고, 짜증이 나며, 조바심을 내고, 마음이 들떠 있다면, 당신의 신경을 하나님의 손에 맡길 수 있다. 그러면 당신의 신경을 다스릴 수 있는 힘을 얻을 수 있을 것이다. 하나님의 말씀과 성령은 다른 모든 정신요법들보다 훨씬 놀라운 치료의 인자(因子)가 되는 것이다.

당신은 매일 매일 당신의 몸과 영혼에서 치유를 가져다주는 이 힘을 체험할 수 있겠는가?

Les Maladies nerveuses et leur Guérison:
Point de vue d'un Médecin chrétien sur les Névroses
Libéré de Fangoisse
Confié à dieu vos nerfs fatigués

by A. Lechler

Copyright © 1986
by Basel: Editionss Brunnen Verlag

신경증의 치료와 기독교 신앙

발행일 • 2004년 11월 15일
지은이 • 알프레드 레슐러
옮긴이 • 김성민
펴낸이 • 이재훈
펴낸곳 • 한국심리치료연구소
등록 • 제 22-1005호(1996년 5월 13일)
주소 • 서울시 종로구 적선동 156 (쌍용플래티넘 918호)
Tel • 730-2537, 2538   Fax • 730-2539
www.pti21.com   pti21@pti21.com

값 10,000원

ISBN 89-87279-39-1 93230

한국심리치료연구소 총서

한국심리치료연구소는 한국심리치료 분야의 질적 향상을 위해서 이 분야의 고전 및 최신 서적들을 우리말로 번역 출판하고 있다. 본 연구소는 순수 심리치료 분야와 기독교 신앙과 관련된 심리치료 분야의 책들을 출판하며, 순수 심리치료 분야의 책들은 대상관계이론과 자기심리학을 포함한 현대 정신분석이론들과 융 심리학에 관한 서적이다.

순수 심리치료 분야

놀이와 현실
Playing and Reality
by D. W. Winnicott / 이재훈

울타리와 공간
Boundary & Space
by D. Wallbridge
& M. Davis / 이재훈

유아의 심리적 탄생
Psychological Birth
of the Human Infant
by M. Mahler & F. Pine / 이재훈

꿈상징 사전
Dictionary of Dream Symbols
by Eric Ackroyd / 김병준

그림놀이를 통한 어린이 심리치료
Therapeutic Consultation
in Child Psychiatry
by D. W. Winnicott / 이재훈

자기의 분석
The Analysis of the Self
by Heinz Kohut / 이재훈

편집증과 심리치료
Psychotherapy
& the Paranoid Process
by W. W. Meissner / 이재훈

멜라니 클라인
Melanie Klein
by Hanna Segal / 이재훈

정신분석학적 대상관계이론
Object Relations
in Psychoanalytic Theories
by J. Greenberg & S. Mitchell / 이재훈

프로이트 이후
Freud & Beyond
by S. Mitchell & M. Black
/ 이재훈 · 이해리 공역

성숙과정과 촉진적 환경
Maturational Processes
& Facilitating Environment
by D. W. Winnicott / 이재훈

참자기
The Search for the Real Self
by J.F. Masterson / 임혜련

내면세계와 외부현실
Internal World & External Reality
by Otto Kernberg / 이재훈

자폐아동을 위한 심리치료
The Protective Shell in Children and
Adult by Frances Tustin / 이재훈외

박탈과 비행
Deprivation & Delinquency
by D. W. Winnicott / 이재훈외

교육, 허무주의, 생존
Education, Nihilism, Survival
by D. Holbrook / 이재훈외

대상관계 개인치료 I · II
Object Relations Individual Therapy
by Jill Savege Scharff & David E.
Scharff / 이재훈 · 김석도 공역

정신분석 용어사전
Psychoanalytic Terms and Concepts
Ed. by Moore and Fine / 이재훈 외

하인즈 코헛과 자기심리학
H. Kohut and the Psychology of the Self
by Allen M. Siegel / 권명수

대상관계 부부치료
Object Relations Couple Therapy
by Jill Savege Scharff & David E.
Scharff / 이재훈

대상관계 이론과 임상적 정신분석
Object Relations
& Clinical Psychoanalysis
by Otto Kernberg / 이재훈

성격에 관한 정신분석학적 연구
Psychoanalytic Studies of the Personality by Ronald Fairbairn / 이재훈

전환기의 종교와 심리학
Religion and Psychology in Transition
/ 이재훈

나의 이성, 나의 감성
My Head and My Heart
by De Gregorio, Jorge / 김미겸

대상관계이론과 정신병리학
Object Relations Theories and Psychopathology by Frank Summers
/ 이재훈

환자에게서 배우기
Learning from the Patient by Patrick J. Casement / 김석도

기독교 신앙과 관련된 심리치료 분야

종교와 무의식
Religion & Unconscious
by Ann & Barry Ulanov / 이재훈

인간의 욕망과 기독교 복음
Les Evangiles au risque
de la Psychanalyse
by Françoise Dolto / 김성민

희망의 목회상담
Hope in the Pastoral Care
& Counseling
by Andrew Lester / 신현복

신학과 목회상담
Theology & Pastoral Counseling
by Debohra Hunsinger
/ 이재훈·신현복

살아있는 인간문서
The Living Human Document
by Charles Gerkin / 안석모

성서와 정신
The Bible and the Psyche
by E. Edinger / 이재훈

인간의 관계경험과 하나님경험
Human Relationship
& the Experience of God
by Michael St. Clair / 이재훈

목회와 성
Ministry and Sexuality
by G. L. Rediger / 유희동

신데렐라와 그 자매들
Cinderella and Her Sisters
by Ann & Barry Ulanov / 이재훈

상한 마음의 치유
Healing Wounded Emotions
by M. H. Padovani 외 / 김성민 외

현대정신분석학과 종교
Contemporary Psychoanalysis
& Religion
by James Jones / 유영권

예수님의 마음으로 생활하기
Living From the Heart Jesus Gave You
by James G. Friesen 외 / 정동섭 외

신경증의 치료와 기독교 신앙
Ministry and Sexuality
by G. L. Rediger / 김성민

살아있는 신의 탄생
The Birth of the Living God
by Ana-Maria Rizzuto / 이재훈

앞으로 출간될 책	
치유의 상상력 Healing Imagination by Ann & Barry Ulanov	자기의 회복 The Restoration of the Self by Heinz Kohut
정신분석을 사랑한 소아과 의사 Through Paediatrics to Psychoanalysis by D. W. Winnicott	자기의 치료 How Does Analysis Cure? by Heinz Kohut
대상관계 가족치료 Object Relations Family Therapy by Jill Savege Scharff & David E. Scharff	